高校青年教师成长经验丛书

邹文　李波　主编

高校青年教师成长启示录

孙永华　主编

山东大学出版社
SHANDONG UNIVERSITY PRESS
·济南·

图书在版编目(CIP)数据

高校青年教师成长启示录 / 孙永华主编. 一济南：山东大学出版社，2021.1(2022.8 重印)
(高校青年教师成长经验丛书/邹文，李波主编)
ISBN 978-7-5607-6815-1

Ⅰ. ①高… Ⅱ. ①孙… Ⅲ. ①高等学校一青年教师一师资培养一中国 Ⅳ. ①G645.12

中国版本图书馆 CIP 数据核字(2021)第 027182 号

策划编辑　滕希功
责任编辑　滕希功
文案编辑　杨露宾
封面设计　泽坤广告

出版发行　山东大学出版社
社　　址　山东省济南市山大南路 20 号
邮政编码　250100
发行热线　(0531)88363008
经　　销　新华书店
印　　刷　山东和平商务有限公司
规　　格　720 毫米×1000 毫米　1/16
　　　　　13.25 印张　183 千字
版　　次　2021 年 1 月第 1 版
印　　次　2022 年 8 月第 4 次印刷
定　　价　45.00 元

《高校青年教师成长启示录》编委会

序

百年大计，教育为本；教育大计，教师为本。《中共中央国务院关于全面深化新时代教师队伍建设改革的意见》明确提出“到2035年，教师综合素质、专业化水平和创新能力大幅提升，培养造就数以百万计的骨干教师、数以十万计的卓越教师、数以万计的教育家型教师”的目标，努力打造一支高素质专业化创新型教师队伍。

近年来，山东省高等学校教师队伍建设成效显著，硕果累累，师德师风建设社会反映良好，专业素质能力持续提升，教育管理改革循序渐进，待遇保障再上台阶。面对新时代新要求，山东省以加大气力提升教师素养为重心，以独具特色的教师培育为基础，全方位、立体化提升教师的综合素质，真正推动山东省高等教育高质量发展。全省普通高等学校专任教师共计11.76万人，其中40岁以下青年教师6.1万人，占51.9%，抓好青年教师培养具有“功在当代，利在千秋”的重大战略意义。当前，高校教师仍存在教学理念模糊、专业发展目标不清、终身学习动力不足、教学组织失范、教学方式单一、信息化应用能力偏低、新入职青年教师教学经验欠缺等问题，难以适应人工智能时代新技术变革，亟须统筹设计教师素质能力发展规划。此外，高校教师培训模式陈旧、教育资源欠缺、教学经费不足、管理者队伍专业化水平不高，亟须全省统筹推进教师专业发展建设，着力打造具有山东特色的高校教师职业发展品牌项目。

本系列丛书在总结高校师资培训工作经验的基础上，遵循教师专业成长规律，借鉴国内外教师能力发展标准和评价指标，聚焦教师教育教学能力提升，围绕高校教师教学能力核心素养，设计形成了教学活动实践过程需求分析、目标定位、方案设计、教学实施、评价反思、教学提升等六个环节的PDCA完整循环，全面规划了“合格教师→优秀教师→卓越教师→教学名师”的职业发展模型体系。高校师资培训工作以岗前培训、资格认定、示范培训、教学比赛、国内外访学、个性发展等项目为载体，依托山东省高等学校师资培训中心，形成了省主管部门、省级指导机构、校级发展中心三级教师发展支持体系，构建了教学模式研究、教学能力提升培养、优质课程资源共建共享、青年教师教学比赛、骨干教师示范、名师引领的全链条服务，指导建成了一批高水平教师发展中心，形成了高水平的教师培训管理者队伍；整合省内外高校教师培训资源，组建了分层次、分类别、分学科，覆盖教师发展全过程的在线教师培训共享资源库，将有效促进优秀教学成果的共享与应用。同时，系统编制、凝练了部分高校教师队伍发展思路和教师发展路径，将为教师发展提供有益参考。

本书为高校教师培训提供了教师发展服务能力指导范本，为推动互联网与高校教师教育深度融合和教师个性化培养、“订单式”培训，探索人工智能＋课堂教学模式提供了有益借鉴，为教师“上好一门课，讲好一堂课”，深耕课堂教学提供了参考和路径。

高校是教师专业能力发展责任主体。要建设符合本校实际和发展需求的教师发展中心，规范课堂教学标准，理顺学校、院系、教师目标任务，发挥教研室作用，形成“传帮带”机制，完善教育教学督导和教学评价，加大教师发展资源投入，正确处理好学校和教师个人之间的关系，为教师的教学、教研工作创造良好的服务环境，使教师更好地实现自我价值，引导教师形成终身学习理念。全省需要培育高校教师发展联盟，推进融合发展、特色发展，形成各具特色的高校教师发展新格局。

广大教师应结合自身学缘结构、学科知识和人才培养需要，构建现代教育思想和理念，掌握先进教学方法和现代教学手段，切实提高教学基本技能，系统规划自身职业发展，走出一条“合格教师→优秀教师→卓越教师→教学名师”的发展蜕变轨迹。在合格教师阶段，应具备良好的道德品质，掌握教育教学基本理论，对所教学科专业具有扎实的理论知识与基本技能，不断提升课堂教学组织能力。在优秀教师阶段，应具有系统的学科专业理论知识、相当扎实的教学基本功以及较强的现代教育技术应用能力，能够独立承担相应的教学任务。在卓越教师阶段，应具有与时俱进的现代教育理念，全面掌握系统、扎实的学科专业理论知识，具有丰富的教学经验、较高的教学科研水平，能够熟练运用现代教育技术，在教学研究中取得一定成绩，教学效果突出。在教学名师阶段，应具有系统、坚实的学科专业基础理论知识与基本技能技巧，跨界跨域的科学文化素养，更高水平的课堂教学艺术，师生认可的教学实绩，格外丰富的教学经验，开阔的国际化视野，熟练驾驭教学的卓越能力以及深稽博考的科研水平，能及时掌握教育改革和发展的最新动态。同时，教师应注重创新特色发展，激发个性化发展潜质，形成独具特色的教学风格，积极参与名师团队建设、国内外访学研修，主动适应信息化、人工智能等新技术变革，树立终身学习的观念。

“雄关漫道真如铁，而今迈步从头越。”展望新征程，山东省高等学校师资培训中心将以习近平总书记提出的“四有好老师”为指导，聚焦教师专业成长，以深化改革为契机，以可持续发展为目标，着力加强制度设计，积极优化资源配置，逐渐加大经费投入，统筹推进山东高校教师综合素养的提升，不断提高教师专业发展水平，为造就一支高素质专业化创新型教师队伍贡献力量。

山东省高等学校师资培训中心

2020 年 11 月 28 日

目 录

从教学实践积累的量变到青教赛的质变

——我的十年教学发展成长历程

张　涛

2012年到现在正好是我作为青年教师成长的第十个年头，回首个人教学发展的成长历程，从最初接触教学时的懵懂，到教学积累的量变，有幸参与了第七届"超星杯"高校青年教师教学比赛，获得了专业的教学理论和方法训练。青教赛的经历让我在教学理念、教学方法和立德树人的知信行上有了进一步深入的提升。在此将以教学发展为核心、时间为主线，讲述我的十年教学发展成长历程，与大家分享。

一、教学初体验

我的专业是流行病学与卫生统计学。读博期间，作为助教参与了导师讲授的统计学理论课和实验课，并按照培养方案规定讲授了一些统计学实验课。然而，像大部分高校青年教师一样，读博期间是偏重于科学研究的专业训练，虽然在卫生统计学知识和能力方面储备了良好的基础，但由于在教学方面缺少规范的培训，我在刚进入高校任教时感受到了不小的教学压力。

2012年7月博士毕业，我来到山东大学工作。总的来说，在2012到2015年这教师生涯前几年里，我在教学理念和方法上还是比较匮乏的。要说有那么点教学理念和方法基础，也是刚入职山东大学时“教学促进与教师发展中心”的入职培训传授的。在几位具有丰富教学经验的同事帮助下，陆续参与了预防医学本科“卫生统计学”、研究生“医学统计学”的授课，通过日常教学工作不断琢磨、体会和实践。

2015年1月到2017年6月，单位公派我出国工作两年半，这期间虽然没有参加教学工作，但也旁听几门专业领域相关的英文课程，对于国外不同的授课理念和方法也有一些体会和反思。

二、量变：教学实践量的积累

2017年6月刚回国，正好赶上了学系针对预防医学本科“卫生统计学”的教改项目试点。自2017年秋季学期开始，独立承担一个班的84个学时的“卫生统计学”理论课授课，而另外一个班级是由系主任薛付忠教授讲授。其实当时压力还是挺大的，担心所负责班级的学习效果和满意度跟不上薛老师班级的水平，而且还赶上了国家规划教材《卫生统计学（第八版）》的大改版、结构重组，因此整个暑假花了很大的精力备课，更新了课件和教学案例设计。自此，已经连续3年独立讲授每轮84学时的“卫生统计学”理论课。通常情况下，这门课是串联上课的（也就是多位老师分配章节），很少有机会能从头到尾讲一门课，因此大家一般都有较为拿手的几个章节，每年都在重复讲授。而我能够独立讲授一门84学时的理论课，这种宝贵的经历实现了教学实践量的快速高强度积累，也为教学能力的提升和未来参加青年教师比赛打下了重要的基础。

这里需要说明一下我所讲授的课程情况。“卫生统计学”是医学各专业的必修课，是让医学生又爱又恨的一门课。本课程是医学科研所必需的，医学生未来要做科研不得不学。但课程涉及的统计理论较为抽象，课程知识框架和统计方法非常讲究逻辑。我本身也是预防医学背景，十分了解医学生的特点（前期只学习了医用高等数学，未学习过概率论与数理统计、线性代数等课程。而且，经过3年的医学课程学习，习惯了记忆，而对于逻辑性和较为抽象的统计学思想方法不大习惯）。这要求在教学中必须做到深入浅出，结合实际医学案例使讲授的内容具体化。因此，自从2012年开始授课，我就特别注意使用实际医学案例作为引入，让学生们能够充分理解所讲授知识和能力的用途。刚开始，并没有系统掌握相应的教学方式，也没有规范的教学设计。2017年，我参加了医学院组织的一次教学培训，才从王立祥老师那里学到了BOPPPS教学模式，而后又专门花时间研究了BOPPPS设计并在日常教学中进行实践。

三、质变：青教赛的提升

（一）初识青年教师教学比赛

最初是较为抵触教学比赛的。对于青年教师来讲，科研工作占去了大部分精力，而且还有学院和学系的行政工作以及学术交流和会议。起初是比较担心教学比赛会占用太多的时间，影响科研团队的日常工作。山东大学和公共卫生学院十分重视青年教师教学能力提升，要求每个学系有一名38岁以下青年教师参加，我作为唯一符合条件的人选参加了青年教师教学比赛。由于主观上认识和重视度不够，缺乏教学理念和方法的学习，教学的节段设计不够成熟。

（二）积极投入校赛PK

齐鲁医学院的教学比赛规则基本上是按照省赛模式，需要准备20个教学节段。还好我有2017年秋季的独立授课经历，在84个学时中准备20个教学节段并不难。于是花了两天时间设计教学片断，基本都是平时上课感觉比较有亮点的章节，内容都比较熟，也不需要特别多的备课。不多久就参加了齐鲁医学院的比赛，获得了一等奖。之后很快又参加了学校组织的比赛，也获得了一等奖、2018年度山东大学青年教学能手称号，这给了我挺大的鼓励。

（三）第七届“超星杯”高校青年教师教学比赛

2019年底，学校整合2018和2019年校赛一等奖，抽取参加省赛人员，这次有幸被抽到，开始了真正的专业历练。从春节前开始培训和磨课（记得是一次在千佛山南院，一次在趵突泉教学八楼），春节期间赶上了新冠肺炎疫情，教学促进与教师发展中心（以下简称“教发中心”）专门安排了线上磨课。疫情控制住后，又安排了几次线下磨课，再到后来省赛前的备战，前前后后10余次磨课和集训，让我在教学理念、教学方法和立德树人的知信行上有了进一步深入的提升。衷心感谢学校教发中心和特邀指导老师们的指导和帮助。感谢一起参加省赛的小伙伴们相互支持鼓励，省赛的经历对我来讲是一次非常宝贵的经历、一生的财富。

四、青教赛后：总结和教研实践

经过学院、医学部、学校、省赛初赛和决赛这五轮青教赛的历练，我深刻认识到了青教赛“以赛促教”的意义。青教赛后，又参与了学校教发中心组织的“省赛参赛材料汇编”和“省赛总结分享”两次会议，同时也系统梳理了“卫生统计学”的教学设计和课程规划。鉴于“卫生统计学”所涉及的统计理论与方法较为抽象，知识框架复杂，各个方法之间极易混淆，这给学生对相关知识点的记忆带来了很大的困难，仅靠记忆很难达到对统计理论与方法的活学活用。这就要求教学应坚持以学生发展为中心、解决医学实际问题为导向。针对医学生的特点，课程设计继续采用了BOPPPS教学模式，融合“探究教学法、启发式教学”等多种教学方法，并通过雨课堂等现代多媒体技术，以“医学案例＋统计学问题”为课程叙事主线，基于实际医学科研案例中的统计学问题，提出具体统计学问题，进一步从“为何要使用所学习的统计学方法（Why）”→“统计学理论与方法（What）”→“如何实现统计分析解决医学实际问题（How）”，层层深入，启发学生思考，进行探究式学习，达到“除了知其然，还要知其所以然”，以学生为中心，让学生能够“懂理论(有知识)、会计算(有能力)、具有科学的统计决策规范和正确立场(有素养)”。

在上述教学理念和课程设计的基础上，我积极投入教研改革和慕课建设。主持申报获批了3项校级教改项目，以课程组骨干(排名第二位)申报的“卫生统计学”课程获批山东省一流本科课程。作为负责人，组织完成的“医学统计学方法”慕课制作已经在“学堂在线”平台上线。

五、感悟：青年教师早期十年成长

感谢山东省高等学校师资培训中心的约稿，让我有机会总结一下我在2012～2021年这十年的成长历程。回忆起2012年刚博士毕业，面临从学生到高校教师的转变，受到教学、科研和生活等多重考验，能发展到目前的状态，我也算是比较顺利和幸运的。本文是以教学发展为核心讲述我的专业成长经历，而科研也是青年教师成长中不得不提的重要话题。但作为高校教师，教学才是“立德树人”的最根本所在。虽然在目前职称晋升评价体系下科研的重要性不言而喻，但如果在青年教师初期十年里，因职称晋升压力重科研而轻教学，将错过教学发展轨迹成长的关键期。我们通常每年要承担几十到上百学时的教学任务，在教学量的积累上也会逐渐形成具有个人风格的教学理念和方法。除完成日常教学工作量外，我们青年教师要对新的教学理念、方法和工具保持学习兴趣，在教学知识层面有所积累，并在教学中探索、实践和反思，逐渐规范和优化教学设计。相对于科研创新攻关遭遇瓶颈而常常难以突破，若我们能拿出一定的时间和精力，主动谋划教学发展、探索创新，教学发展的成长收益还是更容易实现、更踏实地为我们带来成就感。

个人简介

张涛，男，1984年出生，博士，山东大学教授、博士生导师。从事卫生统计学教研工作，科研方向为生命历程纵向队列研究。主持3项国家自然科学基金及4项省部级课题。参编国家规划教材3部。以第一/通讯作者发表国际学术论文37篇，包括*Circulation Research*、*Hypertension*、*Clin Transl Med*和*Diabetologia*等中科院一区期刊15篇，学术引用1500余次、H指数23，获国家发明专利8项。获山东省第七届"超星杯"高校青年教师教学比赛二等奖、山东大学青年教师教学比赛一等奖、青年教学能手称号。兼任中华预防医学会生物统计委员会委员、中国卫生信息学会卫生统计学教育委员会委员等职务。

不负韶华，破茧成蝶

——青教赛收获及对课堂教学改革的促进

杨东海

今年我有幸参加了山东省第八届“超星杯”高校青年教师教学比赛。从初赛到决赛，半年时光一晃而过，这期间有辛酸和劳累，也有快乐与充实。经过这次大赛的磨炼，我从一个教学设计、教学方法还处在摸索阶段懵懵懂懂的“门外汉”，迅速成长为一个能够合理设计教学方案、巧妙搭建知识逻辑框架、善于引起学生兴趣、能够引发学生思考的领路人。这次比赛的收获不在于获得了一等奖的鼓励，更在于推动了我对所授课程“储运工程施工”课堂教学的改革，下面我分享一下参赛的收获和课堂教学改革的情况。

一、教学比赛收获

（一）初赛的懵懂

2020年11月，我参加了学校的青年教师教学比赛。为了准备好校赛，我向学校内授课经验丰富、授课水平强、学生口碑特别好的老师们轮番请教学习，观摩他们的课堂，向他们讨教好的授课方法，并请他们亲自指导我的课堂。几轮下来，我才发现原来我以前上的课就像一弯浅浅的小溪，平缓流淌，整个课堂没有波澜，而且授课也只是以知识讲授为主，缺少启发互动，通过老师们的悉心指导，当我从一名学生的视角审视反思我的课堂的时候，我真切地感受到了启发式教育和互动式课堂对学生的魅力，当我把所学运用到学校比赛时，我获得了学校青年教师讲课大赛一等奖，这也让我有了参加省赛的机会。

其实，省赛初赛最重要的是课程设计，之前的课程设计都是平铺直叙的，没有体现“两性一度”和以学生为中心，为此我又开始请教之前参加过省赛的老师们，在博众家之所长的基础上，我精心确定了自己所选取授课内容的课程设计的形式、框架、思路和亮点。另一个问题就是课堂教学，在45分钟之内，既要将知识串联，又要进行课堂互动，还要体现“两性一度”，这些既跟平时的教学活动有区别，也跟教学比赛有区别，而是类似一个自主命题作文，如何在45分钟里交出满意的答卷至关重要。为了准备好45分钟的教学节段，首先我挑选了课程里面比较精彩的内容，并且在真实课堂上一遍一遍让不同的同学来听课，听听同学们的感受和建议，之后请指导老师、院领导来把关，内容安排几易其稿，不断打磨和改进，最终得以成型。然后就是课堂的讲授环节，一个是跟学生巧妙地互动，再就是小组讨论的有效组织，还有就是现代化信息技术下智慧课堂、雨课堂的使用。其实，在真实课堂上我也经常使用雨课堂，但是主要是以小测验为主，但是在这45分钟里，每一分钟每一秒钟的时间呈现都是格外宝贵的，所以在反复试验后，我最终选择了以小组讨论为主的雨课堂投票形式来呈现。当然，平时课堂和录课是有区别的，平时课堂比较随意，但是录课就会由于紧张会有些不自然，这也成为录课时的缺憾，但其他像小组讨论、学生互动、引导式思考等内容和方式基本都能呈现出来。

录完课以后，对照视频，再反复思考之前的教学设计还有没有不合适的地方，然后再修改、再打磨、再精进，让教学设计跟课堂比较精准地对应起来。其实，校赛相对容易一些，对教学设计有要求，但是大家的教学设计拉不开分。而省赛初赛教学设计还是很关键的,虽然它只是起辅助作用,但是可以很好地规划和呈现课堂教学,所以一定要重视课程设计环节,为课堂教学做好精心准备。另外,课堂教学一定要选择自己最擅长、最出彩的节段,而且要根据评分标准的要求,将思政元素、"两性一度"、课堂互动、小组讨论、现代化教学手段等一一呈现,这就需要精心设计和不断打磨。这些都需要付出大量的心血和汗水。讲课比赛那一段时间,我基本都是泡在教室里面,在保证上课和科研的同时将主要精力都放到了打磨教学节段上,正如那一句话所说:"不疯魔不成活。"当然最终的结果也是比较满意的。

(二)复赛中成长

当听到进入复赛的消息时,我还是很激动的,就感到之前的付出没有白费,之前对教学的探索可以大胆应用到之后的教育教学中。但同时也感觉压力很大,从20个教学节段中随机抽取其中一个进行现场展示的赛制,就是旨在确保参赛教师把每一节课都打磨到极致,任意一段课程都精彩纷呈,而要想做到这一点,除了打磨课程,更主要的是课程设计。其实,最开始大家觉得我这门课偏工程应用,理论深度不够,并不适合讲课比赛,所以我也一直在思索如何提高课程的理论深度。后来我就想,这其实跟写论文是相通的,论文都会写,难道课程理论深度会比论文还高?所以在寒假期间,首先是筛选课程内容,敲定了讲授重点,然后根据这些重点进行了文献检索,重点放在学科前沿、理论提升上,功夫不负有心人,每一个节段都有相应的理论拔高的内容,这样下来整个课程内容就更为充实,也更符合"两性一度"的要求。确定好内容就可以进行课件制作了,在课件制作的过程中,我学习了往届参赛选手的视频,也参考了各位选手PPT的优点,进行了重新设计,并且找到做PPT比较好的老师帮忙把关。PPT做好以后,还有一项很重要的工作,就是设计课堂的亮点,一堂课如果从头到尾平平无奇也是没有吸引力的,所以我尽量挖掘一些案例作为课程导入,提高学生的学习兴趣,并且搜集相关的视频,准备展示用的模型，挖掘课程的亮点，等等，这样经过几轮打磨就基本成型了。在复赛之前，所有节段我是讲了一遍又一遍，让自己心里对所有节段的授课都有底气。

在复赛阶段，课程设计是计入比赛成绩的，所以对于 20 个课程设计也要充分准备，我是参考了初赛的模板，对每一个节段都进行了充分设计，能够反映出启发式教学、“两性一度”、课程思政等内容。

在比赛过程中，我其实也有几点体会：第一，一定要充分地利用参观比赛场地的机会，对黑板板书分布、站位等进行设计，不打无准备之仗；第二，将 PPT 和讲稿打印出来，随身携带，在准备室里还可以继续熟悉准备；第三，一定要自信，不要有太多顾虑，将自己最真实的状态展示出来就可以了。

通过复赛，我觉得有几点进步：第一，在课程设计上，有更深刻的认识，特别是 20 分钟之内，如何进行有效导入，引导学生思考，用启发式的方法引出下一步要讲的内容，引导学生一步步地将问题解决，这些都是要认真设计的；第二，立德树人是无处不在的，要结合工程实际、先进典型、重要事件等进行设计，不用特别刻意就可以于无声处融入思政教育；第三，总结和拓展一定是要能够真正提升学生能力，而不仅仅是形式上的需要。

（三）决赛中蜕变

复赛抽的题目还比较好，里面有视频，有模型，有理论推导，最后是有一定难度的内容拓展，所以比赛结束后觉得基本是正常发挥。复赛结果出来以后，留给决赛准备的时间大概有一个月，但是这时候课程也比较多了，还有在科研上也出了几次差，所以整个准备时间并不是特别充分，因此我就采取了比较节省时间的方法。第一，是让学校聘请的指导老师对 PPT 精细把关，指出问题，然后设计出一个模板，我就基于这个模板去修改，另外一些比较难处理的地方，就找 PPT 制作比较好的专业老师帮忙，这样就节省了时间；第二，内容上，请专业指导老师、教法指导老师共同指导，迅速地改进弱项，进行知识和教法上的调整，这样可以在最短的时间内进行打磨；第三，最开始是一个节段一个节段地给老师讲解，时间上花费比较多，后来我就先对每一个节段大概的内容讲解方法进行介绍，让指导老师先把关，这样在重点地方，指导老师可以帮忙纠正和把关，而且是有的放矢，可以很快将节段梳理完，这样可以有针对性地去进行讲解和准备；第四，讲稿一定要准备，复赛的时候我的讲稿准备不充分，有的亮点就没有展示出来，所以决赛的时候我为每一个节段都设计了讲稿，既方便准备，也方便控制时间；第五，时间的把控也很关键，一个是靠平时练，另外一个就是现场的把控，18 分钟要讲到什么内容一定要有心里有数，因为这个时候会有举牌提示，根据进度就可以随机应变去调整；第六，教学反思立足学生，实事求是，既要提前设计，也要临场发挥。

其实，整个比赛备赛过程，真的非常感谢学校的指导老师。无论多忙，他们都抽出时间指导我们，甚至是节假日也经常是熬到深夜为我们把关，比赛成绩的取得不仅是对我个人的鼓励，而且也是对整个团队的奖励。而且每一次比赛，教师发展中心的老师也帮我们做好后勤保障服务，免去了我们的后顾之忧，在此一并感谢。同时，我也感谢省教育厅、省高师中心举办此项大赛，让我们有机会去提升、去学习、去磨练、去展示。也感谢家人给予了我最大程度的支持和生活保障。这段时间的美好回忆也会陪伴我终生，让我不断提醒自己，在大学，我首先是一名教师，然后才是科研人员，只有搞好教学才能对得起大学老师的称号。

在备赛过程中，我也完善了“储运工程施工”课程的课堂教学，将比赛的心得用于实践，也取得了比较好的效果。

二、课堂教学改革

（一）提高理论深度

要体现高阶性和挑战度，就需要在保持传统工艺、工法介绍的基础上提高理论深度，将基础课的内容融入课程教学中。学生之前已经学习了工程力学、流体力学、工程热力学、大学物理和高等数学等基础课程，具备了一定的理论基础，因此对他们来说，接受起来并不困难。具体的内容，可以从参考文献、科研项目中去获取，比如在管道下沟这一部分，为什么要采用多台吊管机共同起吊，沉管下沟长度和深度如何控制，这些内容原来并不涉及，而实际上这些是可以通过工程力学上的受力分析、力矩平衡等得到，这样学生就可以在工程施工中进行分析和计算，高阶性也体现出来了。另外，索道布管、悬索式跨越工程施工可以引入工程力学，管道试压可以引入流体力学，清管器的运移结合科研，原油管道投产结合传热学知识，等等。在理论知识讲解的基础上，可以在每堂课的最后加上内容拓展，对理论知识进行拔高，或者基于理论知识进行案例分析，提高课程的挑战度，这样高阶性和挑战度都体现出来了。

（二）增加课堂小组讨论

学生在课堂上有几种状态——沉默、倾听、讨论甚至争论。如果没有采取一定的措施，学生往往处于沉默的状态，好一些的是处于倾听状态，只有将学生从舒适区拉出来，参与到课堂讨论中，才能激发他们的学习兴趣，提高他们的思考和创新能力。课堂小组讨论可以实现的切入点包括影响因素的讨论、解决方案的讨论、具体方法的讨论等。比如在讲解定向钻回拖减阻方法的时候，可以组织学生基于回拖力计算公式、回拖受力特性等展开讨论，让学生充分发挥主观能动性。而且在讨论过程中，老师也要及时参与进去，进行倾听和启发，讨论结束之后，邀请每个小组分享讨论成果，之后进行点评和讲解，形成一个闭环，不能是论而不讲，没有反馈，通过反馈可以让学生反思自己的结果，也有利于他们提高。同样，比如讲解顶管施工管道敷设方法、大开挖穿越河流管道敷设等都可以开展小组讨论。小组讨论其实也可以体现课程的创新性，往往在讨论过程中，学生展开头脑风暴，会有一些奇思妙想和创新性的方法。

（三）引入工程设计

储运工程施工其实跟设计是紧密相关的，只有明确了设计原理，知道了制约因素，才能在具体施工过程中明确任务，机动灵活地处理各种问题。万变不离其宗，工程师面对的不是一个单一的问题，而往往是多种复杂因素共同影响。目前，课程主要是引入了定向钻穿越设计这一环节，有两个原因：一是定向钻目前比较常见，甚至城市燃气施工、水务施工都会使用；二是相对简单，容易让学生接受。为了与实际一致，我们也咨询了设计院，拿到了实际工程的设计方案。在设计过程中，首先要让学生有规范标准意识，所以要收集跟定向钻穿越相关的规范。然后是将穿越轨迹设计抽象、简化，进而让学生能够基于现有知识去计算求解。计算过程涉及多个影响因素，就可以与学生进行探讨，明确设计参数如何选择和计算。设计完成之后，就是课后根据实际工程案例，进行2～3人的小组设计和施工方案设计，之后通过小组展示进行点评。这种作业更能激发学生主动学习和思考，通过课堂学习、课下查找资料、多人分工合作来完成。

（四）加强思政教育

吴岩司长说过，课程思政要把“干巴巴的说教”转向“热乎乎的教学”，让课程思政成为有情有义、有温度、有爱的教育过程。其实对于石油工业、储运系统、管道工程来说，课程思政并不是太难，难在如何将先进人物、感人事迹、名人名言等与实际工程、施工现场相关联。在设计储运工程施工课程思政的时候，我主要借鉴了王进喜的铁人精神、“八三”管道精神、中俄东线环境恶劣、海外施工条件差，以及西气东输保障国家能源供应、管网系统关系国计民生等精神与事迹，从国家发展、个人生活、能源供应等多维度，让学生感受到课程重要、使命光荣。同时，也注意将5G、虚拟现实、数字孪生等先进技术融入课程内容，让学生感受到科技的力量，也改变对传统施工设备庞杂、技术单一的认识。适当地引入时事，比如重要管道工程施工或者竣工等，来开阔学生视野，提高认识。

总之，通过这次比赛，我收获了成绩，也认识了一批志同道合的老师，未来我将以这次比赛为契机，将教育理念、教学方法应用到课堂教学，并不断去探索、创新。叶圣陶先生说："教学有法，教无定法，贵在得法。"在新的技术手段、教学理念不断出现的新时代，唯有不断学习、更新理念，才会让课堂变得常教常新。

个人简介

杨东海，男，1984年出生，博士，中国石油大学(华东)副教授、博士生导师、系副主任。主要从事油气储运工程方面的研究。主持国家自然科学基金面上项目和青年项目各1项，山东省基金1项，横向项目多项。以第一作者或通讯作者发表SCI论文10余篇，第一发明人授权发明专利4项。获山东省第八届高校青年教师教学比赛一等奖，获中国石油和化学工业联合会科技进步一等奖1项，二等奖1项。

精雕细琢，必定厚积薄发
不忘初心，才能方得始终

林 红

一、教学比赛参赛感悟

由于疫情的原因，2020 年是很特别且不易的一年。同时，由于有幸参加山东省第七届高校青年教师教学比赛，2020 年对于我来说又是非常有意义的一年。从 2019 年底开始，经过校内选拔、省级初赛、省级复赛决赛，历经近 10 个月的磨砺，我最终获得一等奖。高校青年教师教学比赛是一个提高教学素养、增强教学能力、提升教学境界的大赛。教学比赛过程中经过一个又一个阶段的打磨，其间所体现的教育理念、教学内容、教学方法、教学手段以及授课艺术等方面，不仅是平时教学积累的集中呈现，而且也是一个反复推敲、精雕细琢、厚积薄发的"螺旋式上升"精进的过程。

回顾整个比赛过程，无论是在备课阶段对教学内容的构思设计、对教学材料的精心筛选，还是在试讲阶段对教学过程的不断反思、对语言表达的日臻完善，都是对我自身教学素养、教学能力和育人水平的提升与升华，必将为我未来的教学工作提供更高的视野、更广阔的拓展空间。同时，通过这次比赛的磨砺和锻炼，对于我所从事的高校基础力学的教学，也有一些心得和大家分享。

(一)明确课程的教学理念

我所讲授的“工程力学”这门课，是为理工科学生开设的一门基础课程，它的特点是与工程问题紧密相关。很多内容像拉压、扭转、弯曲等，学生都在生活中遇到过，学生对研究对象并不感到陌生，但是对于例子背后所隐含的力学原理，却并没有系统地、认真地考虑过。因此，我对这门课的教学理念是“以力学经典，引领工程创新”，通过将课堂上经典的力学理论知识与实际工程中的应用结合起来，从现实生活中航空航天、石油开发、高铁船舶等各领域引入学生们熟知的相关案例，做到理论与实际相结合，从而极大地激发学生的兴趣。通过对课程知识深入系统的学习，学生能够了解现实问题背后的力学原理，从而提升同学们用力学知识来分析、解决工程问题的实践能力，进而将来可以借助力学知识来引导工程问题的发展与创新。

(二)打造科学的教学设计与方法

在教学方案设计与教学方法上，只有通过精雕细琢的打磨，才能厚积薄发，从而实现卓越的教学效果，我主要采取了以下四种方式。

1.给予学生鼓励与正向反馈，提升学生安全感

对于大部分本科生来说，力学课程是难度比较大的课程，很多学生会有畏难的情绪，从而不利于课程的学习。因此，通常从第一次课开始，我就告诉学生，力学并不难，只要他们想学，跟着我们课堂的思路，就一定能够学会、学懂。而且整个学期的教学过程中，我会通过提问交流、课下互动等形式，尽量给予学生正向的反馈。这样，让学生逐渐建立起信心，并且通过一节又一节课的学习，让学生体会到成功“解锁”一个又一个知识难点的成就感。

2.精心打磨教学方案的设计，提升学生获得感

教学方案的设计是整个教学环节中的关键性工作，也是顺利完成教学任务的前提和基础。教学设计既要保证知识点局部的细节性，同时也要关注课程知识所体现的宏观整体性，要深入厘清并设

计、明晰各知识点前后的纵横联系，进而拓展与其他前置及后续课程如大学物理、材料力学、弹性力学等的联系与区别。只有经过科学的教学方案设计，才能实现知识的有机整合，使教学内容成为一个系统的整体，从而加深学生对所学力学概念和知识体系的宏观理解。

3.创新启发式、引导式教学方法，提升学生参与感

由于力学课程具有教学内容量大、公式多、计算烦琐等特点，需要在教学过程中充分调动起学生的主动性，这主要体现在通过递进式设置问题引导学生主动思考知识点背后的来龙去脉，使学生能够知其然且知其所以然。这样，学生不仅记住了一个个计算公式，更掌握了其中的力学原理，深入理解方法理论的应用范围，从而让更多的学生参与到课堂中来。

4.引入课程思政元素，提升学生幸福感

高等学校是立德树人的主阵地，为了学生全面发展，需要深入挖掘教学活动中的育人元素，将思政教育融入力学课程的课堂教学。通过结合我国航空航天、石油开发、高铁、船舶等各领域与课程密切相关的例子，以及相关科学家、工程师的典型事例和科学家精神，培养学生的爱国主义情怀和不断开拓的科学家精神。

二、专业成长经历与经验分享

（一）以赛促教，提升教学素养

1.树立高标准，在教学岗位上快速成长

从站上讲台成为一名人民教师的那一刻起，“教书育人”的初心与使命就烙印在我的心间，并树立了从一名“合格老师”到“优秀老师”再成长为“卓越老师”的成长目标，并且在每一次课堂上、每一节教案的设计中时刻鞭策自己，要以勤恳踏实的态度和较高的标准来对待教书育人这项神圣的工作。早在 2011 年，我作为一名刚踏上讲台的青年教师，就积极参加了学院组织的讲课比赛，并有幸获得二等奖，这给予我极大的鼓舞，同时也使自己认识到在教学工作方面需要

努力的方向。在院系的培养下，2016 年我代表学校参加全国第六届基础力学青年教师讲课比赛，与来自清华大学、哈尔滨工业大学、北京航空航天大学等众多高校从事基础力学教学的青年教师同台竞争，经过激烈的初赛、复赛、决赛环节，我获得了理论力学组一等奖的优异成绩。这次比赛不仅使我获得了宝贵的竞赛经历，展现了我校力学教师的风采和教学水平，而且也让我有机会认识到全国其他高校的优秀青年教师，与他们同伴同行也是一个相互激励的成长机会。

2.勇于挑战自我，在教学工作中不断取得进步。

2019 年 11 月，我正承担着繁重的教学工作和科研任务，同时还兼任系里的教学主任，当接到山东省第七届高校青年教师教学比赛的通知时，我深知备赛过程需要付出大量的时间和精力，需要通过初赛、复赛和决赛的重重考验，而比赛的结果又是不可预知的。正是学院和学校的鼓励，以及要为学校争得荣誉、不断精进自己教学水平的信念，让我燃起了接受挑战、不断进步的信心。特别是 2020 年突发疫情，在新的比赛形式下，学校教师发展中心和信息化处的老师们投入了很多的精力，多次对直播环境与直播设备进行调试，他们对工作的认真与负责，让我备受感动。

备赛过程恰逢疫情期间，我除了要准备 20 个教学节段的试讲，还有教学和科研任务。教学方面，尽快适应了新的直播授课形式，积累了网络授课的经验；科研方面，完成了一份国家自然科学基金项目申请书的撰写。回顾整个备赛过程，虽然辛苦，但是更多的是经历考验过后的收获与成长。决赛当天，当我站在直播镜头的面前时，心情很坦然，也没有特别紧张，我想最重要的是能在这短短 20 分钟里把我的教学积累与所得自然展示出来，就像平时站在教室里面一样享受讲课的过程。当获知获得了工科组一等奖的时候，我坚信每一份付出都会有收获。

多次参加教学比赛，都只是一个又一个短暂的过程，更重要的是要把这种精雕细琢、精益求精、不断追求卓越的比赛精神带入将来的教学工作中，这也正是我参加各级教学比赛的初心。也正是在这个信念的支撑下，我在教学中不断保持教学理念的先进性和科学性、教学方法和教学手段的创新性。特别高兴的是，我负责的“工程力学”课程在2021年获批山东省一流本科课程，这给予我极大的鼓励，也鞭策我在教学工作中再接再厉。

（二）以育人为初心，坚持教学科研相长

1.积极面对工作压力，力求获得职业自豪感

在高校青年教师的岗位上我已经走过了10个春秋，不再是初出茅庐的模样，在此时此刻站在教师生涯的这个重要节点，回望自己的初心、坚守自己的初心，从而才能再次厘清工作中的矛盾，照亮未来职业发展的方向。

回顾自己刚刚博士毕业，在恩师的言传身教下，身份从一名学生转换为一名光荣的高校教师，心里满是激动与自豪；经过了新教师的培训、自己如饥似渴地吸收着新知识，生怕遗漏丁点儿知识，无法建立起整个课程的完整知识体系；刚站在讲台上面对学生时，既享受着“授人以鱼”的愉悦，又怀着无法“授人以渔”的担心；当自己逐渐成长起来，又忙于日常工作的烦琐、新课程备课的难点、科研工作的艰辛、研究生培养的不易等等；还有来自于岗位考核、职称晋升的压力；甚至也有工作中被人不理解、不配合的心酸。这一切都是高校青年教师所要面对的工作日常。

如今，作为学生的授课老师与学业导师，我更要积极面对职业生涯中的各种压力，只有克服了这些困惑和困难，才能使自己更加成熟，更能保持自己的初心，也更有智慧为学生指点迷津。每每站在讲台上，看到学生认真听课的样子，我就体会到“传道授业”的高尚；每每当自己在课下为学生答疑解惑，学生给予无尽的信任，我就体会到育人的无限价值；在教师节收到学生的鲜花和卡片，心里充满甜蜜；特别是当毕业的学生发来他们取得成绩的喜讯，内心更是升起一股作为老师的自豪。

其实，不仅是来自学生的正向反馈，让我坚持了教书育人的道

路，而且也要感谢学校、省教育厅、教育部通过多种途径给教学一线的教师们以展现自我、成长发展的机会，也让我感受到作为一名高校教师发自内心的充实、满足与自豪。

2.不忘初心，才能方得始终

作为高校青年教师，我深知自己既承载着持续奋斗、载梦前行的使命，也肩负着开源活水、立德树人、培育时代新人的重任，因此我将始终不忘教书育人的初心。同时，我也坚信教学与科研两手都要抓、两手都要硬，将教学与科研有机结合，实现二者相辅相长、相得益彰。更重要的是，要能够直面工作中的压力和困惑，能够坐得住冷板凳，始终保持一颗平和、真挚的心，热爱教书育人的工作，热爱莘莘青年学子。在此，非常感谢学校和院系对我的培养；感谢山东省教育厅、中国教育工会山东省委员会和山东省高等学校师资培训中心组织了山东省高校青年教师的教学比赛，并组织撰写《高校青年教师成长启示录》，为广大青年教师提供了互相学习和交流的平台和机会。衷心祝愿各位高校青年教师能够在自己的工作岗位上乘风破浪，有朝一日桃李芬芳。

个人简介

林红，女，1980 年出生，博士，中国石油大学（华东）副教授、硕士生导师。主要从事工程力学、结构安全评价等教学与科研工作。主持山东省一流本科课程 1 项、教育部产学研教学项目 1 项，获山东省第七届高校青年教师教学比赛一等奖、全国第六届基础力学青年教师讲课比赛一等奖，获校级教学成果奖 2 项。主持国家自然科学基金面上和青年项目、国际交流合作项目等多项课题，发表教学、科研论文 30 余篇。兼任国家自然科学基金评审专家、教育部学位中心评审专家等职务。

站稳青春讲台　提升自我素养

申荣荣

源于热爱，始于情怀；忠于教育，不忘初心。在成为高校教师的第一天就期待能尽快站上三尺讲台，成为可以挥洒汗水辛劳教书育人的园丁，成为燃烧自己照亮年轻人前行道路上的那盏明灯。但作为“教学小白”，对于雅思贝尔斯所说的“一棵树摇动另一棵树，一朵云推动另一朵云，一个灵魂唤醒另一个灵魂”的教育深层含义，却没有准确的理解和把握。随着教学工作的不断深入，也更加深刻地体会到教学是一个永远值得探讨和挖掘其奥秘规律的无底洞。教学有法却又因人而异，所以教无定法却又有迹可循，如何快速站稳讲台，提升素养，快速成长，找到既适合自身，又达到教师乐教、学生乐学的教学方法才是教师生涯永不停歇的探索方向。在相对短暂的教学生涯中，我从以下几个方面，努力站稳讲台，提升自我素养，实现了快速提高。

一、立德树人与教书育人并重

(一)思政融入专业课程教学的尝试

“教师是人类灵魂的工程师，承担着神圣使命。传道者自己首先要明道、信道。”作为青年教师，从博士求学状态到专业教师的角色转变之际，顺时顺势地可将接受到的思政教育理念融入专业课程的教学中。比如，可以温习马克思主义哲学的基本观点及其运用方法，掌握人类思维工具。学习党的十九大精神，掌握未来五年基本政策依据。同时，结合本专业方向适当深入学习党和国家以及业务主管部门对应的经济、政治、文化、社会、生态或党建的相关理论。在课程教学过程中，结合人文专业各不相同的特点，将社会主义核心价值观的基本内涵、主要内容等有机、有意、有效地纳入整体教学布局和课程安排，做到专业教育和核心价值观教育相融共进，引导学生做社会主义核心价值观的坚定信仰者、积极传播者、模范践行者。

在“大学生创业法律问题”的课堂上，第一节课就将全面贯彻党的教育方针、落实立德树人根本任务、支持在校大学生提升创新创业能力、支持高校毕业生创业就业，促进大学生全面发展的国家政策方针进行梳理、传达和讲解，让同学们理解纵深推进大众创业、万众创新是深入实施创新驱动发展战略的重要支撑，大学生是大众创业、万众创新的生力军，支持大学生创新创业具有重要意义，激发大学生的创业信心和动力。

（二）以德立身，身正为范，教书与育人相统一

作为一名高校青年教师，讲台上的一言一行要接受学生的监督和审视，言行不当的行为都有失师德、师风和师范。要坚持教育者先受教育，努力成为先进思想文化的传播者，更好承担起学生健康成长指导者和引路人的责任。因此，需要以德立身、以德立学、以德施教，为学生点亮理想的灯、照亮前行的路。在课堂上弘扬主旋律、传播正能量；在传授专业知识的过程中，明确将提升职业道德素养和职业伦理水平融为一体，引导学生形成正确的价值取向；在授课过程中感悟人性、弘扬精神、完善修养，培育理性平和的心态，鼓励学生勤奋学习，让学习课堂成为学生青春飞扬、奋发向上的主阵地。

在全校研究生公共必修课“学术伦理与知识产权”授课过程中，

针对不同专业的研究生，结合他们的专业和课程内容，开展不同的学术规范和学术道德教育。如向艺术设计专业的研究生提倡，从课上做起，设计产品要尊重他人著作权；如向法学专业的研究生提倡，从课堂小作业中使用“引用与注释”标明出处做起，保护他人智力成果；向工商管理专业的研究生提倡，不购买侵犯他人商标的产品，不通过非法链接下载影视资料；等等。

方法决定质量，态度决定努力。以课程思政引领专业课程教学，实现课程育人的目的，更好地为未来职业生涯提供隐形支持。

二、传承与创新结合

（一）传承优良传统，重塑教学框架

每一位青年教师所承担的课程，大多为学院既有课程，已有前辈教师多年的教学经验积累，在此基础上可以传承优良的教学传统、教学内容和教学方法。但即便是相同的教材、大纲，每一位任课教师的接受和传授知识程度都略有不同，因此作为青年教师在接到一门新课时，应该首先彻底熟悉整个课程框架，同时须根据自身特点进行“量身改造”。青年教师既没有长者那样丰富的人生经验，不可能像老教师那样讲述很多生动的人生故事。所以必须自力更生，寻找适合自己的方法，进行创造性转化、适应性改造，照本宣科一定不会受欢迎。青年教师追求卓越教学效果的过程，应该是对课程框架的适应性再造的过程。在接手“大学生创业法律问题”这门课时，在充分借鉴和传承前辈教师所讲授的创业过程规律之外，增加了在法学专业视角下创业过程中所面临法律风险再梳理的教学方法。

（二）创新教学手段和教学方法，探索混合式教学

课堂上，教师如果要给学生一杯水，就得准备一桶水。45 分钟的课程，需要准备的支撑资料远远超过这个时间。但如何将课堂变为“有用课堂”、把教学变为“有效教学”则需要甄选上课内容。因此，需要采用信息化教学手段，更高效地提高教学效果。近两年我尝试使

用过“对分易”“智慧树”“雨课堂”等教学平台，尝试将“教学内容做减法，教学方法做加法”，突出课堂重难点，摸索线上线下教学相结合的混合式教学方式，丰富课堂教学内容，提升教学氛围，尝试真正体现“以学生为中心”的教学理念。每一堂课在教学设计中从知识、能力、素质三大目标入手，重组课堂教学内容和教学评价体系。每一教学单元深入进行学情分析，组织参与式教学，灵活运用角色扮演法、弹幕讨论法、参观教学法等，同时及时进行教学评价和反馈，持续进行教学反思和改进，对教学目标的达成进行跟踪和评价。

（三）强化过程性评价，激发学习内驱力

2020 年 10 月，中共中央、国务院印发《深化新时代教育评价改革总体方案》，首次提出“四个评价”，即“改进结果评价，强化过程评价，探索增值评价，健全综合评价”。近年来过程性评价越来越受到重视，破解一考定终身，涵盖表现性评价和嵌入式评价等，倡导学生学业述评，“坚决改变用分数给学生贴标签的做法”，背后理念是用评价来促进学生学习。作为青年教师，在教学中采用过程性评价旨在改进教与学，促进教学质量提升，重在考查学生在学习过程中的学习态度、参与程度和核心素养的发展水平。

我所任教的所有课程，将平时成绩与期末成绩比例定为各占百分之五十，平时成绩分为每节课的课前预习、签到出勤（信息化教学平台可实现 10 秒钟签到）、课堂讨论表现（头脑风暴弹幕讨论）、课中实时测试题（课堂回顾小测试）、课后作业情况（案例分析）等环节，广泛收集评价数据，实施多元主体、多种方式的过程性评价。通过有意识地利用评价过程和结果，及时发现和总结学生的学习情况和问题，提出有针对性的指导意见，促进学生对学习过程的反思和改进。同时，依据评价结果反思日常教学的问题和不足，优化教学内容，改进教学设计，调整教学策略，完善教学过程，在这一教学效果提升过程中，激发了学生们学习的内驱力，提高了课堂的“抬头率”，极大地提升了课堂教学效果。

三、教学与科研并重

（一）用科研成果丰富教学内容

现在的学生对课堂教学的需求早就不再是知识的机械传授和现象的简单呈现，而是对问题在发生学意义上的深度分析和对问题解决路径的开放探索。这就需要教师打破书本框框，沉入社会现实，进行研究型教学，并通过最新的科研成果及时反馈于教学内容，通过师生之间的紧密互动实现教学相长。

（二）用教学促进学生参与科研

科研氛围的营造不是单靠教师发表论文引人瞩目，更应该在学院中带动学生参与科研，日常课堂教学便有激发同学们参与科研的“源动力”，课堂教学内容知识点的传授都蕴含着无限的科研着力点，如何发现并引导学生深入参与其中，也是青年教师教学过程中的教学目标之一。作为指导教师，依托“大学生创业法律问题”课程，带领学生团队申请校级创新项目研究、开放实验室科研项目，将传统“以教为主”的课程转变为“以学生学习”“以学生实践”为主体，对大学生创业主体在创业过程中的法律风险进行调研，最终形成指导性建议和意见。

（三）教学研究能力的提升

青年教师除去在自己的专业领域研究不辍之外，还应该对自己的教学工作进行深入研究。通过深化和探索课堂教学改革，尝试将与教学相关的理论数据进行汇总整理，撰写教学研究论文进行发表，而教研论文的刊发也能进一步提升作为专业教师的教学自信心和教学动力。

作为青年教师教学年限虽短，却收获颇丰，不单是因为获得了教学比赛的奖项，更多是因为收获了通过本门课的学习有了知识、能力和价值观方面的显著成长和进步的学生们肯定的眼神，继而更能洋洋洒洒讲授完每一堂课后的自我满足。用弗洛伊德的学说来总结青年教师探索教学舞台的心路历程，就是把课上好是教师的“本我”，这是作为一个教师“好为人师”的本能；把课上好之后获得学生的好评，进而享受到这种好评带来的快慰，这是教师的“自我”；而把上好课提升到使命感的高度，则是教师的“超我”，是一名教师将自己的职业升华为事业的结果。

这个境界需要用一生去践行，也是我将教师作为终生职业起步，脚不停息地行走在探索之路上的一个永恒的路标。

个人简介

申荣荣，女，1985 年出生，法学博士，山东建筑大学讲师，现任法学院教学科研办公室主任。主要从事经济法、知识产权法、大学生创业法律问题研究。主持省社科规划项目一项，主编、合编著作 3 部，参与省级优质课程 1 项，横向课程 3 项。获山东省第七届高校青年教师教学比赛一等奖、校青年教师教学比赛一等奖。

临事而惧之心践行教学之道

王本义

2018年博士毕业后入职山东理工大学，做了二十余年的学生，此刻突然转换了角色，难免有些激动和彷徨。作为一名高校青年教师，把握科研和教学工作的平衡，是我们面临的主要压力，但对教学却是始终如一的热爱。正是这种热爱让我在高校的任职中对教学之道产生了浓厚的兴趣。直接的体现就是我愿意花时间在教学上、在意学生的举止与眼神、愿意充当课本和学生之间的知识桥梁、期望能够给学生不一样的上课体验、掌握更多的知识点及应用等。本着这样的原则，最终也完成了初步的转变，并获得了院级、校级和省级青年教师讲课比赛一等奖。获奖的同时，也更加激励我在课程建设方面大胆尝试、敢于创新。本文分享了我任教以来在教学上的转变过程，希望我的高校教学历程能够为青年教师提供些许帮助。

一、教学启蒙——学海有幸

在二十多年的学生生涯中，我遇到过许多优秀的教师，他们是我心中的榜样。在大学期间，听过大学同学参加国赛前的一次模拟授课，那次授课的内容和细节已经记不清楚，但是整个教学比赛的形式却给我留下了深刻的印象。在研究生阶段，导师国承山教授讲授的专业课程对我有很大的教学启发，让我树立了在高校任职的目标。此外，在读研期间给导师助课，带过三个学期的近代物理实验，体验到了作为教师那种教书育人的荣誉感和自豪感。

二、初登讲台——临事而惧

2018年任教的第一个学期，就被安排了一门48学时的专业课，对于从未正式讲过课的我来说，压力不小。那个时候教学的原则是板书上课、多花时间备课、力争每节课都能让学生有所收获。为了保证每节课学生都能有所收获，需要针对相关课程大量地检索文献资料，每节课的末尾都会讲解一个应用。即使这样，也会出现学生上课玩手机、督导听课紧张等问题。而最令我伤心的是，讲了七八个学时后，学生坐的位置离我越来越远，这也深深地伤了我的自尊。为此，我向同学们征求意见，提一下我的不足之处，进一步改进我的教学方法。我收到了很多学生的回复，至今我都保留着那些纸条。其中有个学生写道："我知道老师很辛苦，备课也很认真，但应该多看一下学生的状态，多与我们互动。"其他还有"老师讲得过快"等。这些意见让我重新审视教学之道，尽管后面的几次课仍没有大的改善，但我一直在努力改变。直到这门课的仿真环节，这是我最拿手的地方，结合计算机运用仿真软件模拟光学系统设计。在这个过程中学生的参与度很高，我想一个原因是理论方面讲解的不多，另外一个原因是大家对于程序仿真比较感兴趣。在这个阶段我发现学生开始慢慢接纳我的课堂，我也慢慢地恢复自信，直接的表现就是能够静下心来，讲清楚每一个知识点，并保持与学生的互动。

在这一学期，我还承担了本专业的近代物理实验课的两个教学任务和大物实验课的一个教学任务，这些内容要在一段时间内重复地讲解。即使是重复的讲，自己紧张的情绪仍难以克服，而且做实验也很容易遇到讲不清楚的问题。于是我总结出经验：实验的讲解光看课本是不够的，课本理论知识无法传递给我们操作过程中具体的细节和注意事项，这就需要观看相应的实验视频，来掌握仪器操作的重、难点。

2018 年年底，学校进行了第一次入职教师教学讲课比赛，我用两周的时间准备了一节内容，反复练习，最终获得第四位。初登讲台的这一学期，尽管每次备课都精心准备，但还是感觉到十分紧张，由于自己教学经验的欠缺，带来了不少的烦恼。

三、教学之道——以赛促教

隔一学期，我承担了专业必修课"模拟电子技术"的教学任务。为保证教学效果，缓解紧张情绪，我决定结合优秀精品课程，将备课的时间提前两个月。前两章非常顺利，但遇到一个问题：对于一个电路系统来说，输入信号和信号源有什么区别呢？因为自己有这样的疑问，便认为学生也应该会有此疑问。所以我去拜访电气学院的老师，通过交流，弄清楚了信号源与输入信号的区别与联系。再上讲台时整个人也信心满满，我觉得那次课是我"模拟电子技术"课程中最有成就感的一次。由于自己在电路方面的基础比较薄弱，后来的讲课我认为还是很不成功的。但这学期对教学有了更深的认知，除了传授基础知识外，也需要结合具体的应用，也需要想学生之所想，先学生之所想。

第二年，学院举行青年教师讲课比赛。我将这两学期总结的教学经验付诸讲课比赛的 20 分钟，果然收到了效果，荣获第二名。在该学期还带了"分光计"这个大物实验课，在准备实验的过程中，先理论学习实验目的、原理和操作流程，再结合视频反复琢磨实验仪器的操作过程，最后现场听老教师的讲解和演示，最终整理出一份实验讲稿。随后，讲课之前两周，我反复去实验室调整光路，记下遇到的问题、操作的难点，再整理出相应的解决方法，并记录在讲稿中。考虑到学生做实验有可能记不住我讲解的每个环节，我还精心编写了实验操作方面的讲义。整体来说,实验效果较好。

2020年上半年,我又承担了"电路原理"课程,由于疫情原因,上课方式主要为线上教学。因为线上教学没有站讲台的压力,我讲课倒显得从容。加上"电路原理"课程本来就简单,为了讲好课,我花了大量时间去备课和调研相应知识点应用。在这一学期,通过观看精品课程,开始将相应的应用转移到课堂上,对每个知识点的讲解也更加透彻。此外,大物实验课的线上进行也让我总结了对非物理学院学生上课的经验,通过把专业知识更好地融入大物实验中,学生对老师的认可度也得到进一步提升。

2020年,院里的讲课比赛,我结合电路中平衡电桥的知识点,全方位打造了由专业问题(空调温控系统的原理)引入,回顾知识到深入知识,类比启发教学,再到解决应用问题并拓展,最后小结引出下一节内容这样一个完整的闭环式授课。自己也相当满意,但是紧张的情绪可能导致自己丢分,不过整体设计得到了老师们的认可,最终获得一等奖。有了这次奖励,对教学更有信心,在随后的两个专业实验的教学中秉承着一贯的备课方法,也给我们专业的学生呈现了包含应用、光路调整技巧等在内的一堂完整的实验授课。再次深刻地体会到:讲课比赛的技巧来源于实际的教学经历,一个善于反思的老师也一定能够总结出或者快速找出提升讲课比赛成绩的方法,同时我也坚信教学比赛也会反过来提升教师的讲课水平与质量。

有了如此多的教学体验和经历,接下来进入校级讲课比赛的周期。校赛期间系室调整,我开始承担"物理光学"这门核心专业课。经过专家打磨和多方求教,设计了10个教学设计和课件,并比较幸运地获得了校级讲课比赛的一等奖。比赛结束后有幸被选为省赛选手代表学校出战。自2020年12月准备省初赛,至2021年5月底省决赛,初赛、复赛和决赛三级赛事,共计大半年的时间,一直在围绕物理光学的内容和应用进行深度的学习和调研。在准备比赛的过程中收获颇丰,接下来我就分享一下自己在准备省赛的过程中所做的工作与经历。

作为青年教师，而且是第一次代表学校参加省级青教赛，其实心情既开心又紧张，开心是从学校众多优秀青年教师中能够“脱颖而出”；紧张是对于如此高级别的赛事，“怎么教、怎么引入、怎么进行课程思政、怎么反思、怎么设计、怎样提高课程的‘两性一度’”等方面，欠缺成熟的想法。为了对这几个方面进行更好的学习，从收到初赛消息以来，采用回看专家报告、请教优秀教师、广泛调研课程知识点应用等方式，最终确定参加初赛的片段，并整理出自己满意的教学设计。有了以上工作基础，怎么教、怎么引入、怎么设计就有了比较清晰的思路。为检测教学效果，前后录制初赛视频 5 次，每次都选择不同的学生。通过学生的表现，基本可以认为课程设计是成功的。最终选取 5 个中满意的一个参赛，成功入围复赛。

在复赛期间，首先确定了参加省级复赛的 20 个教学片段。在准备材料的过程中，体会到物理光学作为基础学科在解决实际应用和重大科学问题方面的重要意义，认识到物理光学理论的严谨性和应用的广泛性。为了丰富教学内容提高课程的高度，在知识点总结和深挖课程思政方面，先后请教学院同事 30 余位，学校专家、同事以及相应专业的老师和同学 20 余位。最终在课程课件制作、教学设计等方面累计涉及 11 个诺贝尔物理学奖、29 位物理学家、10 个物理学家的故事、20 个学科前沿、8 个伟大应用、43 个实际应用、7 个课外拓展以及 33 个物理光学知识点。

在制作、打磨课件与教学设计中注重理论与实践应用。比如，在进行等倾干涉知识点的讲解时，引入典型的双光束干涉装置迈克尔逊干涉仪在否定“以太”理论方面的贡献，激发学生学习兴趣；而在讲迈克尔逊干涉仪时，从引力波探测导入；讲解法布里珀罗干涉仪时，再度深挖引力波测量技术。可以说，在这三个内容的讲解中逐步挖掘仪器的测量精度和原理。只要肯深挖知识点应用和课程思政，总会有收获的。在调研引力波探测技术方面，找到了麻省理工学院校长的公开信："我们今天庆祝的发现体现了基础科学的悖论：它是辛苦的、严谨的和缓慢的，又是震撼性的、革命性的和催化性的。没有基础科学，最好的设想就无法得到改进，'创新'只能是小打小闹。只有随着基础科学的进步，社会也才能进步。"而这正是要传授给学生的基础学科的两面性，以此希望培养学生的科学精神，树立专业自信，同时深挖课程思政(引入"中国天眼""天文一号""祝融号""墨子号量子卫星"以及南仁东事迹等中国科技前沿和人才的案例)，使学生树立民族自豪感和科技报国的信念。在此期间，要特别感谢韩克祯老师，韩老师在物理光学方面的建树兼具理论与应用，而且韩老师教授物理光学已经十余年，正是得益于韩老师积累的教学资料，才使得我自己能够抽出时间进行课程思政的检索和教学设计的探究。这说明老教师的"传帮带"是青年教师快速成长的一种捷径。最终复赛成绩良好，进入了决赛。

在决赛期间，主要着手复赛课件升级，在这一方面，时间一直都是紧张到每一分每一秒，修改、打磨课件。决赛打磨过程中，全部试讲新内容，借机会锻炼自己。有时改课件改到筋疲力尽，唯一的想法就是放弃更容易一些。但想到自己已经走了这么远，坚决不能放弃。有一句话一直在激励着我：人要忠于自己年轻时的梦想！我相信精心准备的材料必然会受到专家的认可，精心的准备也会让我的讲课更加从容。决赛抽到的内容是我调研文献最多的一节段内容，最终比较幸运地获得一等奖。

在整个校赛和省赛期间，专家的指导让我的讲课言行举止更加合乎规范，令我受益匪浅。团队合作、老中青教师的紧密配合也让我在教学比赛中收益不少。

四、深悟大学之道——任重道远

比赛结束之后，回归课堂，课堂教学和讲课比赛有着不一样的模式，最重要的区别是课堂教学面对的是学生，学生的抬头率、点头以及期待的眼神是我最大的骄傲！而如何将课程思政元素潜移默化地融入课堂，激发学生的学习兴趣，提高课程的高阶性、创新性和挑战度仍是教学重中之重。目前，初步的想法是开展多种教学活动以丰富教学内容，让学生真正地参与到文献的调研和小组的讨论等课堂内外的活动中，建立教师指导、学生引导课堂的机制，突出教师的引领与以身示范的作用。当然，如何将课程思政普及并兼顾知识的重难点，我认为自己仍有很长的一段路要走。

基于教学方面已取得的成绩，我在本学期的教学开始注重教学反思。将讲课比赛带来的自信搬到了讲台上，此时我已经能够静下心来仔细讲解知识点、启发学生思考、保持与学生的互动和交流、拓展知识点应用，这个时期真的已经爱上了这个职业。通过与青年教师交流上课经验，也能够感受到他们对教学认真负责的态度。他们实际上也会对每节课进行反思，只不过这种反思没有刻意精心地去反思。我认为坚持教学反思可以快速提高青年教师的讲课水平，教学水平的提高才会使青年教师投入更多的热情于课堂教学上。年轻教师对课堂教学的热情如果要保持下去，建议不要让他们在入职初期独自承担一门课程，因为一旦和学生的沟通出现问题或者教学效果不佳，就会打消青年教师的积极性。在这一点上，我认为我们学院做得很好，公共课大学物理会定期组织老师们集体备课；专业课也会成立老中青三代教师的过渡机制，解决了年轻教师很多的教学烦恼，也进一步提高了青年教师教学工作的积极性。

深悟大学之道，任重道远！正如习近平主席所说：道阻且长，行则将至；行而不辍，未来可期。教学这条路上，我认为付出虽然有时候不一定有收获，但坚持一定会有收获，也希望青年教师站好教师岗位，努力坚持下去，以学生为中心建设好我们的课程。“适莽苍者，三餐而反，腹犹果然；适百里者，宿舂粮；适千里者，三月聚粮。”精心备课！坚定信念！不忘初心！希望自己的些许感悟可以帮到更多的青年教师！也祝愿以后的比赛选手能够赛出水平、提升自己的教学能力！

个人简介

王本义，男，1990年出生，博士，山东理工大学讲师。主要从事光学相干成像、波前整形和奇异光学等方面的研究。主持国家自然科学基金青年项目1项，参与国家自然科学基金面上项目3项。在*Optics Letters*、*Optics Express*、*Applied Optics*等光学知名期刊发表SCI论文10余篇。获山东省第八届高校青年教师教学比赛一等奖，山东理工大学第十八届青年教师讲课比赛一等奖。

争渡，争渡，惊起一滩鸥鹭

——记山东省第八届“超星杯”高校青年教师教学比赛

闫　俊

引子——千淘万漉虽辛苦，吹尽狂沙始到金

说起第八届省青教赛，要追溯到2020年7月2日。那天，我遭遇了泰安当年最大的一场雨，也有幸参加了学校青年教师讲课技能比赛。拿着这块“敲门砖”，叩开了省赛大门，再经“校选拔赛”“省初赛”“省复赛”和“省决赛”，勠力鏖战7个月。这一路，发生了太多太多，是煎熬奋斗，是细致打磨，是归纳提升，是梳理总结，也是全面提升、站牢讲台，亦是登高望远、自我蜕变，更是满腔热血、筑梦远航……

一、赛程回顾——山重水复疑无路，柳暗花明又一村

（一）校选拔赛——远航与汗水交织的起点

校赛是打磨提升前的原始状态，最能反映当下的教学状态。需要对标评分标准，客观面对、细致分析，明确自身优缺点，为高阶段赛事做准备。

历经共战，师生关系更加融洽，学生对老师和自己更有信心和

底气。

(二)省初赛与教学创新大赛——备选的幸运儿、坚定的奋进者

作为备选选手,会更珍惜这个机会。我的参赛课程“药物化学”属医学组,是偏门专业。备赛中非相近专业的指导,有时让人陷于一种迷茫状态。这时需要充分的自信和尽可能冷静客观地面对各种反馈。

视频录制时,面对镜头,师生都难以避免紧张情绪。因此录制前可将教学设计发给学生,让他们心中有数。准备一段开场白,给自己留一段调控紧张情绪的时间,也给学生一个放松心情的机会。录制中无论发生什么事情,尽量不要产生中断录制的念头,就按平时上课的状态去处理即可。同时,还需把控课堂时间,给自己留有3分钟左右的弹性时间,短了可以补充扩展,长了则能紧急收尾。

比赛期间,我还参加了首届高校教学创新大赛,让我对药化课程教学有了更系统的把握,使得基于教改课题凝练的“开放型线上线下混合式三段翻转课堂”教学模式有了更全面的构建,为复赛打下了一定基础。

(三)省复赛——风雨夜行人、倾情投入者

晋级复赛,可谓喜忧参半。喜的是专业评委对我的认可,忧的是漫漫长路何人相伴。何以解忧,唯有奋斗!

提交完首届教学创新大赛的材料,马不解鞍,便踏上了复赛征程。教学大纲、20课教学设计、20个教学节段PPT和教学节段目录,复赛备赛几乎就是材料的形成过程。

一是依赛制选内容。在日常教学基础上,选取最能代表各章的核心内容,所选20个教学节段应达到构建出完整课程体系的效果。建议重新制作课堂PPT,同步进行教学设计框架的构建。依据课堂PPT,反馈完善教学设计。由整体框架到部分单元,再到具体细节和相互衔接,每份材料、每个细节都要精雕细琢、有机统一。二是材料的总体梳理和教学节段PPT的制作。制作教学节段PPT,同步课堂

讲课备课。用20分钟去映现45分钟的精髓与精彩，这是我的教育节段PPT的制作原则。依据教学设计，对45分钟课堂进行重新架构、提炼、组织、设计、衔接、修改和美化，呈现出20分钟连续且独立完整的课堂PPT。最后，通过板书设计整体把握，将教育节段PPT、教学设计、教学组织、知识框架、逻辑体系和出彩点，进行有机串联和相互印证。

复赛备战需要朝思夕计、身心沉浸；如同风雨夜行，直至走出赛场……

（四）省决赛——台上一分钟，台下十年功

复赛时，总想展示更多，内容量安排过多。只能临场发挥，紧急结尾。有了前车之鉴，决赛便从删减融合重新构架教学节段开始。

教学内容上，依旧使用了复赛的节段。在相对完善的框架上做删减并不容易，更多的是有机融合或重新架构。PPT改好后，随即进入课堂讲解的准备，建议制作课堂讲稿。讲稿制作过程中，又能再次反馈PPT所需的修饰改进。每节段讲稿的完成，犹如本节备战的完成，仿佛将其雕刻在了心中。

决赛备战，体现在每天、每时、每刻上，推敲琢磨、设计构建、斟酌锤炼……

报到后，要竭尽所能地寻找一切令人沉静下来的元素，避免出现过度紧张。有条件的话建议家属陪同，能全方位提供“战时保障”。赛场上能做的，就像平时课堂一样，调动一切，然后不顾一切地沉浸进去……

二、心得体悟——春蚕到死丝方尽，蜡炬成灰泪始干，撸起袖子加油干

（一）一个人——育人路上踽踽独行、孜孜不倦

一程赛，跨两年，持续7个月，将“工贵其久，业贵其专”体现得淋漓尽致。整个赛事，事无巨细，均需要专注地去解决。一程赛，宛如一面时光之镜，用7个月的倾心专注串联梳理了我工作8年来的心路历程——择一事，终一生。

犹记得初登讲台，心中默默反复演练，直到开场白的那一刻才安定下来。我告诉自己，莫管其他，只需保证课堂有效。原本是给自己打气，但有了它，便让紧张不安的心定了下来；有了它，便让无处安放的手安然自在。这大概便是我教学理念的萌芽。

有了有效课堂，便开始探求高效课堂。结合主持的教改课题，在摸索中前进，在实践中探索，在碰撞中积累，一步步凝练出“开放型进阶沉浸式翻转课堂”教学模式。整门课，总体构架；每节课，匠心设计。

教学模式上，融合创新，以学生为中心，在有效的前提下探求高效。

教学方法上，教无定法，有机融合，启迪学生活用学科思维，为世界打开一扇心窗。

教学理念上，注重基础知识对专业课的“翻译”，讲求内心的情感指引，引导学生感所学运用之精妙，悟所学知识之俊美。

思政融合上，多角度无缝衔接，全过程潜移默化，感受学科温暖，为梦想指明航向，为远航注满力量。

教学内容上，据学情做优化，融通古今，兼收并蓄，登高必自，放飞梦想。

课程考核上，看结果、重过程，体系开放，师生对等。

救死扶伤的道术、心中有爱的仁术、知识扎实的学术、本领过硬的技术和方法科学的艺术；这才是我们要培养的新医科人才。路漫漫其修远兮，吾将上下而求索。锚定三尺讲台，任他冬去春来；踽踽独行，孜孜不倦……

（二）一堂课——理之所在、情之所系、立德树人、初心不改

赛场上，时间如白驹过隙，还未低眉信手续续弹，也未说尽心中天下事。现在想来，是7个月鏖战把这门课融会贯通成了一堂课。打破了课程的深度广度、琐碎庞杂和晦涩难懂所带来的讲与受的难度，构建了这门课整体的清晰构架、每堂课的起承转合、每一章的典型特

点、每一节的书里书外和每个点的跌宕起伏。

一堂课,追求什么?潜移默化、润物无声地启迪大家梳理知识框架、构建逻辑体系?只不过希望趁着春风起、春水生,在学生心间种下一颗种子。每堂课匠心设计、竭尽所能地引导大家进入一种情境状态:去发现对学习的懵懂渴望,去应对翻转课堂的忐忑不安,去体味研发传奇的深深震撼,去见证家国情怀的魅力无限;还有对知识理解的幡然醒悟、豁然开朗,对视角转变的峰回路转、柳暗花明;亦有对梦想追逐的热情、对现实奋斗的鼓舞;更有对未来光明的无限憧憬与期盼……

一堂课,一个个经典药物,一段段传奇佳话,一个个典型理论,一句句肺腑之言,一朵朵梦想开花。为伊消得人憔悴,衣带渐宽终不悔!且停,且等,且待;十年后我国制药业枝繁叶茂、花香自来……

(三)一帮孩子——每个都是一块璞玉,需雕琢、要打磨

面对多元的学情,有时会有种透不过气的感觉。要构想学生该怎样面对药化,如何激发学生的热情。忙碌无为的那些该如何启迪扬帆远航,无忧无虑的这些又该怎样才能体味我国制药业面对的艰难挑战,“佛系”不争的那些又该如何勇担重任占领世界制药研发制高点,游离于课堂与数字世界的这些又该怎样找回曾经那个少年?!

不论你们相不相信自己,我坚定地选择了相信你们,正如我相信自己一样!每个孩子,都是一块璞玉,我不舍得任何一个翻船!

选修课、专业课、比赛视频录制课,一路走来,感动于你们的陪伴;理论课、实验课、小组项目翻转课,环环相扣,欣慰于你们的成长。我坚定决绝地去参赛,只为告诉你们:我们的课是合格的大学课堂!同样,我也相信你们能静心潜学、志存高远、破浪远航!

三、经验总结——浅谈拙见,抛砖引玉,筑梦远航

对参赛者意志力和忍耐力的综合考验和提升,应该是青教赛独具的魅力。在此斗胆借刚离我们远去的袁隆平院士分享给我们的成

功经验——知识、汗水、灵感和机遇，从这四个方面做个总结，以期为后来者提供一点参考，也趁此表达对袁老的缅怀。

（一）知识源于吃透教材

新入职的老师，科研能力越来越强，有些甚至领跑世界。有人或许认为，一本本科生教材还需要去“吃透”吗？换个角度去想，就会峰回路转！如果把你的研究成果编写进教材，可能只是一段话，甚至不过一句话。所以，诸位可以毫无包袱地躬下身去吃透教材。

所谓教材，我想是以一本规划教材为基础，综合相关国内外经典专业书目，及相关专业的 top 期刊文献，所形成的系列参考文献。依据规划教材构建课程的知识框架和逻辑体系；运用经典书目进行重难点的深入解析；依托 top 期刊拓展学科前沿。

所谓吃透，是点线面体的综合把握。要把握具体内容和整体框架的关联，更要明晰各章节内容在本课程中的地位意义、课程在所属学科体系中的地位与意义，甚至在育人成才中的地位作用。

只有这样，才能清晰明确地选取出参赛节段；也唯有如此，才好有底气说你的课堂是合格的大学课堂。

（二）汗水围绕学生展开

无论是赛事还是平时教学，一切教与学的设计、组织、安排和实施，都应是以所面对的学情为基础、以学生发展为中心的。

开篇绪论定义学科概念、梳理框架体系、展示学科魅力，激发热情、启迪探索、引导学习。各论引导发现自我、启迪学生认识到课堂上最珍贵的是他们自己。结合新模式融合创新，让学生历经“无知无畏”到“有知有畏”再到“有知无畏”的过渡，实现由“学明白”到“讲清楚”的跨越。最后总论梳理总结、温故知新，再现课堂的经典瞬间，培养情怀、筑梦远航。

只有这样，才能在教与学的设计中，前呼后应、融会贯通、章节合理、整体统一；也唯有如此，才能带领学生整体领略、细致品味、登高必自、放飞梦想。

（三）灵感来自反思积累

每个参赛节段的完善，并非仅来自这看似旷日持久的7个月，更是源于日复一日、年复一年的课堂设计、讲解、组织实施和与学生的有效碰撞。灵感的真正源泉，是课堂与学生，是设计与备课，更是这个过程中不断的反思与积累。

将这些灵感迸发有机融合到教学节段，便将是赛场上最耀眼的出彩点。合抱之木，生于毫末；九层之台，起于累土；千里之行，始于足下。要讲好一门课，欲比好一程赛，烦请登高必自。

（四）机遇来自不懈努力

在赛程各阶段都遇到了各种或大或小的困难。但我清晰地知道省青教赛是我入职以来所遇到的切实全面提升教学能力的最大机遇！它需要对漫漫长路无怨无悔的脚踏实地、呕心沥血的风雨夜行，它需要克服时间碎片化、精力分散化的持久的高度专注，它需要对教学理解的全面审视、细致打磨、日臻完善、更上一层楼的脱胎换骨。

1.教学设计——推敲琢磨、反复修改、细致打磨

相信大多老师都有对于教学的灵感火花、经验积累，这些更多是教学实践总结和自我理念的心得体会，虽能应用，但散乱不系统，还不能上升到有效教学设计水平。所谓教学设计，应当是以学生为中心、课堂为基础、章节内容为依托，把从教学实践中秉承的教学理念、运用的教学方法、使用的教学手段和积累的灵感火花，系统地组织成一个完整的有机体系。

我的教学设计包括学情分析、教学目标、教学重点、教学难点、教学方法及理念、教学手段、主要参考教材和教学实施8个方面。

学情分析，是教学实践的核心。所有设计都围绕前期调研的学情展开，也即以学生为中心。同时，还需依据课堂情况和教学进展，关注学情变化，及时总结反馈，据此持续调整。

师者，传道、授业、解惑。教学目标要明确、细化。一般分为三层递进：知识、能力和素养。知识目标呼应重难点，能力目标讲求可兑

现，素养目标融合真情实感。

一般而言，教学重点与难点相互关联。重点往往非常明确，源自课程体系和学科体系。难点相对难以提炼，很多人会觉得重点即是难点，其实不然。难点往往是对重点的深入解析和灵活运用，是对重点向下挖掘一层去理解所需要的基础知识，是对重点向上升华一层去实践所需要的方式方法。重难点，篇幅虽小，意义却大。它是课堂组织实施的根基，更是体现课堂高阶性、创新性和挑战度的依托，也是赛场上打动专业评委的出彩之处。

至于教学方法及理念，我坚信没有哪种单一教学方法能实现整堂课的高效与精彩，而是教学有法、教无定法、贵在得法。每堂课的设计应该运用多种方法，依据重难点和整体构架进行详略得当的安排。每种组织安排都有自己的理解，也便是我的教学理念。

2.教学反思——有感而发、扬长补短、精益求精

教学反思，要因境起情、有感而发，需总结优势、发挥长处，汲取教训、弥补不足，寻找瓶颈、突破难点，扬长补短、精益求精。我的反思是依据学情、结合课堂有感而发，并非局限在20分钟的赛场。相较于针对单节段精心设计的教学反思，我的反思条理性相对欠缺，但却更真实生动、直面师生、饱含感情。

3.课程思政——因情起意、时代召唤、梦想翅膀

时代浪潮扑面而来，势不可挡。如何才能让我们培养的学生，勇于面对滔天巨浪而屹立不倒呢？除却扎实的理论知识和开拓的眼界学识，还需为他们的梦想画上翅膀、为他们的航程指明方向。课程思政，已经由老师在讲台上满腔热血的因情起意变成了发展浪潮下的时代召唤。

融合思政不见思政，与理论知识无缝衔接和有机融合，多元多维、贴近学生，培根铸魂、立德树人。深入挖掘理论知识所包含、透射和关联的不同层次和角度的思政元素，去为梦想插上腾飞的翅膀，为远航指明坚定的航向。

五、致谢——勠力同心百日战，守得云开见月明

作为一名参赛教师，有幸感受大赛的魅力。借此，感谢主办单位山东省教育厅、中国教育工会山东省委员会、承办单位省高师中心为我们青年教师搭建了一个锻炼能力、展现风采和交流学习的宝贵平台；也要感谢协办单位山东大学、烟台大学和超星公司的精心筹备、周密组织和贴心安排；还要感谢学校、学院领导老师、指导专家们的全力支持和各位评委老师及全体工作人员的辛勤付出；感谢历届学生的共同努力，也要感谢家人的坚定支持，才能让自己潜心备战，勇往直前，超越自我。

后记——文尽意起，有感而发

夜已深，言由衷，文尽意起，有感而发，写打油诗一首作为后记：

勠力鏖战七个月，风雨夜行二百天。
巧思妙想苦构思，匠心设计进讲堂。
起承转合登赛场，跌宕起伏凯歌唱。
我欲登峰揽胜境，前路茫茫山海壮。

作者简介

闫俊，男，1982 年出生，硕士，山东农业大学讲师。主要从事具重要生物活性的复杂糖链的化学生物法合成研究。先后独立承担“药物化学”等 7 门本科课程，主持校“十三五”首批教改项目“以综合创新能力培养为导向的药物化学课程教学改革研究”和“十四五”开局重点教改项目“开放型线上线下混合式三段翻转课堂”教学模式在药物化学课程教学中的应用与研究”。获山东省第八届高校青年教师教学比赛一等奖、山东农业大学教学质量一等奖等。

你若盛开，蝴蝶自来；你若精彩，天自安排

——致限量版的自己

杨瑞瑞

“女孩子那么努力，最后不还是要回一座平凡的城，打一份平凡的工，嫁作人妇，洗衣做饭，相夫教子，何苦折腾？”在我的成长过程中，类似这样的问题总是能听到，甚至自己的外婆在我读高中时就问过我母亲，你这么含辛茹苦地供两个女孩子（我和妹妹）读大学，到头来还不都得嫁人，能有什么用？我清楚地记得母亲只是笑了笑，没有回答。我不明白母亲是不想回答还是不知该如何回答，但是这个问题就如种子般悄悄地种进了我的心田，这么多年学习和工作中，我一直在寻找甚至在诠释着答案……

记得著名科学家屠呦呦在斩获诺贝尔奖后感言道：不要去追一匹马，用追马的时间种草，待到春暖花开时，就会有一批骏马任你挑选；不要去刻意巴结一个人，用暂时没有朋友的时间，去提升自己的能力，待到时机成熟时，就会有一批的朋友与你行。用人情做出来的朋友只是暂时的，用人格吸引来的朋友才是长久的。所以，丰富自己比取悦他人更有力量：种下梧桐树，引得凤凰来。你若盛开，蝴蝶自来；你若精彩，天自安排。

作为高校青年教师的我，也是一名“80后”女性，经历国家和家庭巨变给生活条件带来的便利与飞跃，也深深感恩伟大的祖国和我的母亲把自己培养成为一名医学博士。当我听到屠呦呦前辈这段感言后感触颇深，不禁发问：我是谁？我又能为我的国、我的家做些什么呢？这些年，我从一个中部县城逐步考入一线城市的985高校，经历了“中部本科－西北读研－东部工作后结婚生子、辞职－南下读博－东部再就业”的人间历练，这期间开心过、失落过、迷茫过、困惑过、孤独过、努力后重生过……这些经历让我深知时光荏苒，生命短暂，不能将时间浪费在争吵、道歉、伤心和责备上。我们需用时间去做一些有意义的事，去爱遇见的人，哪怕只有一瞬间，也不能辜负。

作为一名新时代的高校青年教师，首要的任务就是要爱学生、把学生教好。而这一切的前提是自身要有扎实的教学基本功，而提高教学基本功有一个最重要的方式，那就是“以赛促教”。刚好遇见了山东省“超星杯”高校青年教师教学比赛，为了更好地提升自己的教学水平，我毫不犹豫地报名了。

一、初遇青教赛

初遇青教赛实际是2017年冬季，那时的我到高校专职教书不到一年半，凭借自身以往近6年临床工作经验，我教授“病理生理学”这门医学基础课程并没有觉得很吃力，先后参加学院和学校的教学比赛，均取得了前3名的好成绩，这使得我有信心去报名了第五届山东省青教赛。

从刚开始懵懵懂懂地学习赛制、录课，到后来的复赛、决赛，和大部分选手一样，自己在摸索、体味。我们也都亲切地称这个比赛为“青椒赛”，之所以叫“椒”，说明还是很辣、很刺激的，由于毕竟还是“青”，在此过程中的历练让我们不断地成长和成熟。

大家知道，这个比赛一赛程跨两年，持续7个月，将所谓“工贵其久，业贵其专”体现得淋漓尽致。随着复赛、决赛的比拼，陪同自己一起的作战队员越来越少，而自己作为一名资历尚浅的“青椒”，却依然还没淘汰，对我来说是莫大的鼓励。但在此过程中，也无时无刻不在感受着“青椒赛”的燥与辣，遇见问题，连个商量的队友都没有，只能自己解决。从复赛到决赛那段时间，只能说是在自己的认知和能力范畴之内，经历着心情的过山车，努力到无能为力，拼搏到感动自己！

长路漫漫，万事真的是皆可期待的……

当我把这一切自以为圆满地完成时，我想拿一等奖了。

清楚地记得那年决赛颁奖典礼是在山东理工大学的大礼堂，当大屏幕上一行行的名字划过，心中期待的名字一直没有出现，心情降到了冰点。到底是哪里出了问题？我一遍一遍地回忆着，在脑海中一遍一遍地搜寻着近7个月以来的每个环节，是内容不够新颖、设计不够完整，还是讲述过程中肢体语言过多？其实我内心是迷茫的，因为我感觉我没有找到答案，或许我想到的这些地方均需要提升。

从那一刻起，我决心再战，至于时间是何时，我没有想好，但我始终认为自己原本是可以的。

生活本身是喧嚣的，难的是以一颗平静的心，过不平静的生活。

比赛结束后，我在朋友圈转发了这样的一段话：

不奋斗，你的才华如何配上你的任性；

不奋斗，你成长的脚步如何赶上父母老去的速度；

不奋斗，世界那么大，你凭什么去看看？

当一个人老去的时候，

最痛苦的事情，

不是失败，

而是我本可以！

只有拼出来的成功，

没有等出来的辉煌！

共勉！

二、再战青教赛

怀揣着“我本可以”的信仰与信心，也抱着不能在有限的青春年华里留下遗憾的信念，在接下来的3年中，我努力备好每一节课，抓住任何提升的机会。因为我明白：看的是书，读的却是世界；品的是茶，尝的却是生活；走的是路，历练的却是人生。生命，就像一张有去无回的单程票，把握好每天的生活，就是最好的珍惜。

伴随着历时半年的第八届青教赛落下帷幕，2021年上半年我主攻的一件事情也结束了，其中有苦、有甜、有郁闷、有收获，真的让人回忆满满、回味无穷，让人觉得这个世界总是有一些善意在发光，绝对是我人生中的重要一段……

为了给自己与青教赛结缘这件事情有一个完美的交代，更好地提升自己未来的教学水平，更为了让后续的选手们有可借鉴的经验，特总结如下。

（一）如果打算比赛，就全力以赴，如果只是想试一试，就不要参赛

我始终认为，“态度决定高度”，要么不做，要做就在自身能力范围内做到极致。由于已经沉淀了3年，这次备赛比第一次有准备多了。

这里我重点提一下录课环节，必须精心准备，因为这一关决定你能否走进复赛，根据赛制，这一环节要淘汰55%的选手，所以必须“武装到牙齿”，注意到每一个细节。比如着装外形、几分几秒在哪个知识点需要进行镜头的切换、需要切换几个学生镜头等，均需要和录课工作人员进行良好对接。

（二）备赛时间长，参赛内容广，有扎实的功底和积累是前提

我不否认这个比赛有运气成分，但是相对还是比较公平公正。比如，我参加过本次和第五届两次比赛，为何两次时间间隔了3年？这3年对我来说，就是积累和沉淀。

我所教的是“病理生理学”这门课程，在基础课程中比较难，涉及

的知识广泛。这3年间，我参加了我们学院和学校的教学能手比赛，尤其是学校的这个比赛历时一年，比赛成绩是由学校四组督导组一年内不定时听课（30%）+学生评教成绩（30%）+现场比赛（40%）三部分组成。这个过程，对我促进很大，其实当时我已经获得第五届青教赛二等奖，好多人不理解我为何会选择再参加校级比赛，其实我的初衷就是逼自己一把，把每节课都讲好，而且督导组的老师都是高年资的、有丰富教学经验的老师，他们的意见能给我自己一个很好的帮助。通过这个比赛，我获得了2019年山东第一医科大学中青年教学比赛一等奖第一名，为我今年参加青教赛打下了坚实的基础。

（三）功底打牢之后，还要在深度上有所突破

在拿了省级二等奖和后来学校教学能手比赛一等奖之后，曾经有很长一段时间我真的不知道自己的课该在哪些地方去突破，甚至一度误以为自己的课程比较完美了，遭遇了课程提升真正的“瓶颈期”。直至2019年11月，我去广州参加了我们病理生理学界的国赛，当时抱着很大的期望去的，而且拿到的比赛节段也是我非常熟悉的，讲完之后满屋子的掌声，我自我感觉讲得很好，结果居然没进决赛，对我来说着实是当头一棒。比赛当晚回到入住的酒店，我在前台找到了评委老师们的房间号，抱着十二分的诚意，一个房间一个房间挨个打电话，虚心向各位专家们请教。非常庆幸的是，这些前辈老师们真的非常和蔼，居然都能记得我白天的表现，还充分肯定了我的长处。这次经历，使我得到了病生界最权威专家（其中包括上海交大的陈院士、北大医学部吴教授和汪教授、中南大学的肖教授）的亲自指导，从那次之后，我对自己的教学重新定位、深度反思，在课程的深度上有了个质的拔高与突破。所以此次青教赛的节段选取（我个人觉得一定得挖深一个知识点去讲透彻，而不能像平时上课那般）没有费太多功夫，一切仿佛水到渠成。今年备赛时的我回头再看三年前初次参赛的PPT和教学设计，自己就能发现问题，觉得当时得个二等奖非常公平。

（四）汇聚听取多方意见和建议，向优秀的人学习永远没有错

青教赛不只是一个竞赛的场合，还是一个圈内同行交朋友的好场所，在第五届赛场上，我结识的朋友中有两位一等奖获得者，本次我毫不犹豫地向她俩请教，而她们也热情地向我传授了经验，比如我的教学设计，就参考了她们两位的（由于科目不同，每位老师发给了我一个节段，但已经足够），集优势优点于自己的设计中，对自己课程的提升和比赛的加分那是毫无置疑的。

当然，这次备赛时还有幸得到一名国赛选手和两位教学名师的现场指点，非常感谢我所在的山东第一医科大学基础医学院和学校教务部给予的大力支持。

（五）下足功夫多去磨课，让课程的各个环节都熠熠生辉

备战此次青教赛，在学校领导的支持下，我把本学期的所有课程均申请到智慧教室去上，把每一次的讲课均当做比赛，而且自己边讲课边录制，课后自己看自己的教学视频，往往就能发现很多问题，比如语言出现了口语化表述、板书设计不好看、肢体语言偏多、讲课时激情过了火（这是我最大的优势也是劣势）、时间把握有出入等等。然后自己去注意纠正这些问题，使得自己的课程不论从内容还是形式上均精益求精。

三、努力让生命更有价值

所谓教学，即教亦学，教学相长，相辅相成。

我常给学生们讲这样一个故事：一块金子与一块泥巴相遇，金子对泥巴说，你看你，灰不溜秋的，你有我闪亮的光芒吗？你有我高贵吗？泥巴摇摇头说，我能生出花，生出果，生出草，生出树木，生出庄稼，生出万物，你能吗？金子沉默了。生命的意义不在于自己值多少钱，而是自身创造了多少价值。因为你的存在，帮助了很多人，这才是价值。

对于我们医科教师和医学生一样，因为我们的最终的目标是救

死扶伤，所以，我们生命存在的意义，不在于自己获了什么奖，能挣多少钱，而是自身创造了多少价值。因为我们的存在，帮助了多少学生、多少患者，这才是价值。

非常感谢山东省教育厅和山东省高师中心，让我结缘青教赛，在以后的教学生涯中，我会边教边学，不断提升自己的教学水平，让学生们真正获益，未来才能守护更多人的健康。

对于一直努力的女性同事和同行们，我想，我们的坚持是为了，就算最终跌入烦琐，洗尽铅华，同样的工作，却有不一样的心境，同样的家庭，却有不一样的情调，同样的后代，却有不一样的素养。这，也许就是我们读书的意义吧。

作者简介

杨瑞瑞，女，1981 年 11 月生，中山大学医学博士，现任山东第一医科大学病理生理学系副主任、中国病理生理学会委员。主要从事病理生理学本科和留学生的教学及科研工作。主持山东省自然科学基金及医药卫生科技项目各 1 项。出版专著 1 部，发表论文 10 余篇。获山东省第八届高校青年教师教学比赛一等奖、全国第二届青年教师实验机能大赛二等奖、山东第一医科大学 2019 年中青年教师教学能手比赛一等奖、山东省高等医学院校课程思政示范案例评选三等奖等多个奖项。

从“野路子”走向“优秀”

——参加山东省第八届高校青年教师教学比赛有感

徐　瑞

2021年5月，我有幸参加第八届省青教赛决赛，荣获二等奖，欣喜之余深感责任重大。教师是太阳底下最光辉的职业，成为一名优秀的人民教师是我的理想和追求，我愿为国家的教育事业贡献我的热情和智慧。不知不觉，我已经在大学的讲台上奋斗了10年，今天以这样的形式分享自己的参赛经验和成长经历，与其说是给青年教师以参考借鉴，不如说是借此机会，对我自己的从教生涯进行梳理和思考，看自己如何从跌跌撞撞的“野路子”逐步走向“优秀”，认清脚下的路，更好地把握未来努力的方向。

一、热爱是最好的老师

准备复赛时，有朋友问我：“这得扒层皮吧？”我微微一笑，个中滋味，只有自己最懂，但细细想来，从决定参赛到闯进决赛，是最初的热爱一直在指引我，给予我源源不断的动力。长期以来，“教师”二字于我而言，是顶在头上的光环，更是无限的压力与责任。曾经，我觉得自己的力量不足以撑起那份责任，我感到迷茫，不知道哪条路才是合适自己的，也深刻体会到了职业倦怠的含义。这期间我经历了怀孕生子，产假期间我发现自己有产后轻度抑郁，除了情绪低落，我开始怀疑、否定自己的一切。为了寻找出口，我阅读了大量书籍，报名学习了职业生涯规划相关的课程。

有位老师曾告诉我，教师就应该有一站上讲台就兴奋的劲儿。随着对自己认识的不断加深，我惊喜地发现我有这股劲儿！而且我还发现，最适合我的道路就是当教师。原因之一是MBTI专业版职业性格测试的结果；原因之二是我脑海中经常出现的最深刻的记忆，也是小时候我最爱玩的游戏，就是当老师，给小朋友上课、布置作业、批改作业，其乐无穷。最直接的现实依据是：不上课的时候我会有一种失落和不知所措的感觉，可一旦走上讲台就精气神满满、忘掉烦恼、不知疲倦。非常感谢那段岁月的坚持，我找到了发自心底的热爱，找到了我的初心，明确了我一生的职责和使命：为教育而生，初心不改，即使一路荆棘，仍要向着教育专家的目标一步步奋斗。

理想信念虽然看不见摸不着，但我却认为它是参赛必不可少的要素。在最黑暗的时候，因为这份热爱，让我坚信眼前的苟且不足为惧，诗和远方就在眼前。

二、学习是最好的阶梯

讲好1个节段相对容易，讲好20个节段很难，这是青教赛的魅力所在，也是挑战所在。没有课程的洗礼，没有多年的经验积累，没有教学团队的助力，靠个人单枪匹马一时间很难完成。我的成长离不开学校、学院以及教研室给予我的引领、指导、帮助和支持，提供一方沃土让我能自由成长。入职后，教研室严格按照培养计划，让我从实践课开始听起、学起、讲起，教案讲义从手写稿开始，授课层次从专科、专升本、本科逐步过渡，我按部就班跟着前辈老师们进行教学技能的学习，老师们也不遗余力地手把手地教我，把先进的经验、理念、技巧倾囊相授。这些帮我打下了扎实的基本功。

护理专业是实践性很强的专业，加上我主要承担的是临床课程，在入职第二年，我即以护士的身份顶岗学习，深入临床一线，弥补了临床经验近乎为零的遗憾，同时也让我对教师和护士的职业角色有了更深刻的认识。有了理论和实践的基础，我开始承担理论课的教学任务，慢慢地，我担任了一门核心课程的负责人，学院和教研室给了我最大限度的支持和发展自由，使我更加系统地思考教学、设计教学。

教学中，我反复揣摩如何突出重点难点，仔细斟酌语言如何表达，用心与学生交流互动，经过积极尝试，反复调整，我从最初站上讲台的忐忑，到现在在课堂上的从容淡定，在前辈经验的基础上，改良、摸索、形成了一套比较适合自己的授课风格，不断的学习像阶梯，使我一步步成长起来。

三、学生是最好的助手

除了教研室、学院和学校的指导，在我的成长路上以及整个比赛中，我还有最好的助手——学生。在与学生的相处中，我时刻以学习者、同行者自居，扮演学姐、知心大姐的角色，无论学习还是生活。我喜欢学生们喊我“瑞姐”，虽然现在可能得喊“阿姨”了，但我给自己的定位始终不变，我与学生是共同学习，一起进步成长的，只不过我比他们早接触专业几年，有了一些认识和体会，能够起到一定的引导帮助作用。而学生们也给予我无限的动力和压力，对我的教学可以说是具有核裂变般的催化效应。毕竟，学生是最有发言权的人。

在青涩的教学初期，在我连示教操作都会手抖的时候，感谢学生给予我的包容和理解。理论课结束后，会有学生问我各式各样的问题，有的我知道答案，有的我从来没关注过，这推动我更精心地备课，带着问题请教前辈老师、临床专家，答疑解惑的同时，不仅加深了对知识点的理解，还提醒我及时调整个别教学环节，达到最优的教学效果。课外，我与学生通过各种形式谈心聊天，话题多样，让我能走近学生，了解他们的思想，他们也将自己的学习体会、学习需求、存在的问题及困难等坦诚相告，让我心中有数，更好地制订教学计划，针对性地解决学生的问题。同时，也能一起探讨我在教学中发现的问题，比如如何调动学习的积极性，如何培养辩证思维，如何增强逻辑性，如何更客观地进行评价。

就这样，我持续不断地从学生的学习状态、学习方式、学习效果等因素中反思教学理念、调整教学方法、完善教学内容。在向学生学习的过程中，从最初被学生点名说“不喜欢”到信任我，找我谈心聊天，再到毕业后遇到困难咨询我的意见。我被学生鞭策着，鼓舞着，感动着，滋养着。课内课外，学生们总能给我无限的助力。

四、实战是最好的历练

俗语说：“是骡子是马拉出去溜溜。”有了前面的思考和积累，听了许多场学校组织的优秀教师教学比赛经验分享，我的心里也种下了一颗种子，我想走出自己的小舒适圈，去看看外面的世界，看看到底我的教学是什么样的。教学比赛就是了解自己的一条捷径。在学校发出青教赛遴选通知的时候，我毫不犹豫报了名。现在想来，感谢自己当时的决定，感谢自己的闯劲。这一路，懵懵懂懂，跌跌撞撞，从学院、学校突出重围，坚持到省决赛，最后虽然仅获得二等奖，但对我来说，已经是非常大的肯定和鼓励了。这也是我的“野路子”开始走上正轨的重要转折点，也是我走向优秀、奔赴卓越的开始。

细想起来，我领悟最深的就是优秀的课堂都是从精准的教学设计开始的。虽然比赛前接触过教学设计相关的培训，但在真正教学中并没有仔仔细细、完整正规地进行过教学设计。于是我从 0.5 学起，从对课程整体到各篇章节知识体系的把握，从学情分析、教学目标、教学内容到重难点解决，从教学方法、手段、用具到教学流程图和板书，我对每一个环节，每一个问题，都进行了深入的解析和详细的设计。闯入复赛和决赛的阶段，更是痛苦快乐并存的淬炼过程。我感到前所未有的充实。我清楚地记得发现好素材的兴奋、想出好点子的得意。我更忘不掉完全的自我颠覆，专家们犀利的点评……虽然备受打击，但给我带来了新思路和高要求，庆幸有这样的机会，让我打破思维定势，有种跳出圈子后的豁然。

参加比赛自然是奔着好名次去的，但它的意义远不止于此。我相信参赛对自己就是一种历练，经过一轮一轮的打磨、反思，终会有真金析出，给自己带来质的飞跃。

五、课堂是最好的修炼

如前所述，我参赛的最终目的达到了，一为检验，二为提高。经过了比赛的一番洗礼后，我更加深刻地领会到"以赛促教，以赛促学，以赛促改，以赛促建"的意义。再回课堂，无论实践课还是理论课，甚至是去孩子幼儿园参加家校共建活动，我都会在课前有意识地进行教学设计，课中我会更加注重知识的逻辑和层次，随时观察学生的反应，并充分地把握课堂的每一分每一秒，课后仍会斟酌如何改进，以便更好地呈现课堂。

意外的收获就是，我可以非常快速地完成资料的查阅、图片的修改、视频的剪辑、PPT的制作，有一种得心应手、信手拈来的感觉。我也把好用的方法、网站、软件等与同事、学生分享，共同进步。

我的成长是从课堂开始的，而成长的最终落脚点还是课堂，课堂永远是一名优秀教师最好的修炼。长期以来，我都在思考，我有什么，我能带给学生什么。当考完试合上课本的那一刻，在学生的心中、脑中还能留下什么。现在的我，距离自己的目标还有很大的差距，无他，唯有持续不断地学习、再学习，反复实践、反复思考，把最有用的、最营养的奉献出来，回报给我最爱的课堂，回报给我最爱的学生们，也回报给最亲爱的自己。

走向优秀、奔赴卓越的路上，一起加油吧！

作者简介

徐瑞，女，1986年出生，硕士，滨州医学院护理学院讲师，担任成人护理学教研室教学秘书，主要从事护理教育、临床护理研究。主持校级课题1项，滨州市科学技术协会课题1项，发表教科研论文10余篇，参编教材10部。获山东省第八届高校青年教师教学比赛二等奖、滨州医学院第八届青年教师教学比赛一等奖、山东省护理学会护理教学与实践授课比赛三等奖，指导的“百步天使——您的随身健康护理专家”项目获2021山东省护理大学生创新创业竞赛二等奖，作为课程负责人的“社区护理学”被评为滨州医学院优秀教学大纲、线下一流课程。

担当筑梦使命，提升育人本领

李 瑞

时间倏忽而过，距离去年8月那场紧张激动的青教赛已经一年多，而我作为思政课教师也迎来了职业生涯的第6个年头。回顾反思自己的参赛经历与职业成长过程，可为今后继续前行提供资鉴，抑或能作为个案供新一代的青年教师参考。

一、因为热爱：身为思政课教师的所做所感所悟

因为热爱，所以欢喜。三尺讲台，一片丹心，我喜欢站在讲台上将提前准备了很久的故事、案例、理论分享给学生们，当他们回答我的问题，忽闪着亮堂堂的眼睛等待答案时，我是欢喜的，那一刻觉得自己的人生是有价值和意义的。尤其是当学生说喜欢听我的课，并能记住我讲的案例和内容时，内心的欣喜无法言说。有的学生通过校内“表白墙”表白说：“最喜欢的老师是那个叫李瑞的思修老师。”听到这个消息，我开心了好多天。每当心情欠佳，为琐事烦扰，想想可爱的学生们，看着他们在教室里打闹，烦恼就好像会淡化些许。

因为热爱，所以滚烫。日常课堂中，我的嗓门通常很大，很多人觉得嗓门大是缺点，代表没文化、不优雅。但我们的课是思政课，绝

大部分课堂都是大合堂，教室大、学生多，学生的注意力容易分散，提高声音可以帮助学生把注意力集中到课堂上来。尤其是讲到枯燥的理论问题，为了让学生集中注意力，我的声音会很大，时间久了嗓子特别容易沙哑、干咳，只要上课我已然必定保温壶里备热水了。

因为热爱，所以值得。说教师辛苦，肯定会有人不信，他们会说："教师有周末、有假期，时间自由，多好，辛苦啥！"真正做了教师才知道，个中滋味只有自己明白。讲台上站六个小时，不仅嗓子冒烟，腿肚子都酸痛，要是臭美穿个高跟鞋，脚会疼得难以言说。尤其是在夏天没空调的教室，讲到激情昂扬的时候，当汗水顺着脖子流到背上就能感觉到些许凉爽。但作为教师能够与永远朝气蓬勃的学生在一起，就觉得自己也是永远年轻有活力的，之前所有的一切付出就都值得。

因为热爱，所以坚持。刚站上讲台的前两年，激情澎湃，斗志昂扬。当时的我被督导教师听课，督导教师说了一句话："你刚站上讲台，正处于'热恋期'，之后贵在坚持。"那时的我，听得一脸茫然。随着教学时间的增长，我才慢慢懂得这句话的含义。课堂教学有的时候会进入倦怠期，尤其是当我兴致盎然、谈古论今，却看到学生昏昏欲睡，当我满怀热情地来到课堂，学生却低头忙于其他科目的作业，当我沉浸在自己的案例中，却发现学生在低头玩手机游戏，挫败感、失落感、怒火统统而来。初心易得，坚守难。这迫使我思考，到底课堂内容哪里讲得不好，如何与学生增加互动，调动课堂积极性，重新找回最初的那种激情。而继续坚持这份热情，需要对这份职业的热爱做后盾。正如2014年9月9日习近平总书记在同北京师范大学师生代表座谈时的讲话中指出的："今天的学生就是未来实现中华民族伟大复兴中国梦的主力军，广大教师就是打造这支中华民族'梦之队'的筑梦人。"愿以这份热爱，担当筑梦使命。

二、艰辛磨砺：青教赛备赛参赛的经历

参加青教赛，是磨课，亦是磨炼。2020 年的青教赛讲课部分占总分的 80%，其中包括 20 分钟的模拟课堂教学和 2 分钟的教学反思。正式比赛时要在 20 个教学节段中抽取 1 个，所以要准备足足 20 段，每段都要 20 分钟左右，时间既不能太长，也不能太短，难度挑战不可谓不大。从选择教学节段到确定每段的具体教学内容，从 PPT 设计到图片文字运用，从导入的方式到结语的小节，从逻辑结构到过渡语句，从讲课内容到教学反思，整个教学流程无不需要仔细推敲。另外的 20%来自教学大纲、教学设计和课件等电子版材料，这些也需要花费功夫不断修改完善。正是通过这些磨炼和不断的磨课，我收获了很多。

以赛促学，提升自身专业素养。曾经有教育家说："为了使学生获得一点知识的亮光，教师应吸进整个光的海洋。"平时备课已然深有感触，参加比赛更是如此。参加比赛当天拼的是心理素质和临场发挥，相对而言，前期的学习与准备工作更加考验耐力。由于疫情的缘故，2020 年的青教赛时间相对较晚，有了更长的学习准备时间。备赛的过程，其实就是不断学习的过程，在此期间，我得到了学院、学校方面不遗余力的支持，深受感动。我所在的马克思主义学院领导特别重视教师参加各级各类比赛，给予了大力支持，组织教研室老师帮助我数次磨课，聘请专业团队帮我制作课件，从教学内容到教学语言，从声调措辞到教姿教态，从整体教学架构设计到每页 PPT 制作，在专业内容上不断打磨的同时优化教学课件。不仅如此，我校（聊城大学）也特别重视青教赛，聘请了专家老师对参赛选手进行详细指导，从教学设计的文本，到课堂教学的处理到教学反思，贯穿整个教学比赛流程，环环相扣。从教学方法、教学理念等大的层面，到板书设计、笔顺书写等小的细节，涉及课堂教学各个方面。在教研组的磨课和专家老师的指导下，备赛期间我收获颇丰，这些专业的知识、丰

富的教学方法、先进的教学理念，不仅可以用到这次比赛中，而且也让我受益终身。

以赛促教，提高自身教学能力。在备赛与参赛的过程中，学校教务方面给予了很多的硬件、软件支持，帮助教师提升教学能力。硬件方面，专门安排了数个微格教室用于教师模拟比赛场景，每个参赛教师都能根据自己的时间，在不断模拟比赛场景中提升教学能力，而且可以自行录制教学节段，进行反复回看、不断斟酌改进。软件方面，聘请了专业的团队进行摄制，保证了比赛的录制水准。正是因为有强大的后盾，聊城大学 2020 年的参赛教师们才能够克服疫情造成的线上比赛、时间延长以及天气炎热等重重困难，在青教赛中取得优异成绩。我个人虽因没有拿到一等奖略感遗憾，但我仍旧庆幸是参赛团队中的一员，并始终认为在那个夏天，在实验楼微格教室的反复练习中，我的教学能力有了很大的进步和提升。2020 年 9 月 9 日，习近平总书记在向全国广大教师和教育工作者致以节日祝贺和诚挚慰问中说："希望广大教师不忘立德树人初心，牢记为党育人、为国育才使命，积极探索新时代教育教学方法，不断提升教书育人本领，为培养德智体美劳全面发展的社会主义建设者和接班人作出新的更大贡献。"我今后定以此为目标，不断努力。

三、前路迢迢：在教书育人中不断自我提升

一年又一年的教学比赛总会有开始，终将有结束。而课堂教学似乎只有起点，没有终点，永远在路上，它是一门技术也是一门艺术。对我个人而言，通过备赛、比赛，我也不断认识到自身存在的许多问题，需要在教学实践中逐步改进。

首先，在教学内容的把握方面，需要认真钻研新教材，不能因个人偏好而在内容上有所偏颇。我们基础教研室采取了模块化联动式的教学改革，有利于专题的深耕，但不利于参赛，有很多教学节段并未在实际教学中进行实践，不能融会贯通，今后应主动轮转讲授专题内容，贯通全书。

其次，在教学技能方面，平时上课太过依靠 PPT，不能很好地使用和设计板书，粉笔字太丑，日常没有好好练习，有些字笔顺都是错误的，这一点在今后的教学中应多注意，多练习。此外，平时课堂教学语言太过随意，不严谨，重复的语句多，应该将每次课都当成比赛来对待，尽量精炼语言，提升课堂教学品质。

再次，在教学设计方面，应不断学习，努力汲取教学设计方面的理论，用更好的理论将课堂教学实践指导好。同时，提升自身理论素养，避免课堂教学童稚化，这需要拓宽知识视野，除了扎实打好马克思主义理论功底之外，还要广泛涉猎其他哲学社会科学以及自然科学的知识。还需要有宽广的国际视野。学习运用国内外的事实、案例、素材，在比较中回答学生的疑惑，既不封闭保守，也不崇洋媚外，引导学生全面客观地认识当代中国、看待外部世界，善于在批判鉴别中明辨是非。

最后，在创新方面，应该在科研、教研领域多下功夫，克服畏难心理，提升创新能力，教学是一项非常有创造性的工作，要善于运用创新思维、辩证思维，善于运用矛盾分析方法抓住关键、找准重点、阐明规律，创新课堂教学，给学生深刻的学习体验。

能够从事教师职业是幸运的，能同大学生一起学习、交流是幸福的。我愿担当筑梦使命，提升育人本领，在做好思政课教师的这条路上不断提升自己、奉献自己。

作者简介

李瑞，女，1987 年出生，硕士。获得主要奖励：2016 年 12 月获得山东省青年教师师德征文比赛三等奖。2017 年 1 月获得聊城大学第四届青年教师教学竞赛一等奖。2018年作为指导教师指导的大学生讲思政课比赛作品《成就出彩人生》获得教育部第二届全国高校大学生讲思政课公开课比赛三等奖。2020年获得山东省第七届“超星杯”高校青年教师教学比赛二等奖。2020年获得首届山东省学校思政课教学比赛一等奖。

栖身揽月为星斗　一腔热爱染芳华

尹婷婷

庄子云:“人生天地之间,若白驹过隙,忽然而已。”转眼间,我已在教师岗位上度过了十个春秋。这十年间,有过迷茫,有过收获,更有奋斗和坚持;十年间,我从一个懵懂又莽撞的“青椒”渐渐成长为一名可以独当一面的青年骨干教师;有太多人给予我无私的帮助,庆幸一路走来,热爱仍在,初心不改。

一、薪火相传,奔赴星辰大海

2011 年那个阳光灿烂的金色 9 月,音乐学院刚毕业的我带着满满的憧憬和对教育事业的一腔热爱,走上了喜爱的高校教师岗位。对于学校,我可是一点都不陌生。我出生在一个教师家庭,从小就住在学校里,最熟悉的声音就是下课铃声,玩耍时爬过高高的旗杆,捉迷藏时钻过漆黑的桌洞,耳濡目染的都是父母讨论学生们的大事小情。所以,当硕士毕业之时,我毫不犹豫地选择做一名高校教师——这不仅仅是因为家庭氛围中那些源于学校的温暖瞬间和父母的言传身教,更是因为发自内心对教育事业的热爱。能将自己经年所学倾囊相授,能用音乐之美点燃学生们心中求知的火焰,那是多么美好的一件事情啊。带着这份情愫，带着这份向往，我开启了执教生涯。

二、从艺不易，苦练教学基本功

当我真正开始自己的从教生涯，依然免不了一段痛苦又难熬的适应过程，其中最难的就是备课这一关。初入职，我满脑子都还是音乐学院上学时学习的肖邦、李斯特，各种艰深的钢琴演奏技巧，但是一拿到教材我就怔住了——从认识五线谱开始、基本手型以及各种简单的儿歌。我至今还记得那种巨大的心理落差，彷佛从云端直接跌进了谷底。再看课表，一周十二次大课，一周五天每天至少有一半时间都是在上课，我的心情越来越沉重。原来，我所在的教师教育学院，设有学前教育和小学教育两个专业，在我入职之前，这两个专业的音乐类课程一直都是从音乐系抽借老师来上课的，自我入职，几乎所有课程就都落在了我的肩上。面对学生们渴求的目光，在学院领导精心为新进教师配备的导师指导下，我一次次重新备课，从基础的写教案开始，从学情分析到教学目标的确立，从教学手段的选定到与学生的互动方式，从教学内容的取舍到每一次课后的教学反思，一次次打磨自己的语言和教态，终于在密集的课堂实践中，在讲台上开始进入角色、渐入佳境。

三、用心为匠，以赛促练促成长

八年前的夏天，我刚参加完学院组织的青年教师教学比赛并荣获二等奖，受导师推荐，我幸运地通过选拔，参加了全省首届微课大赛并荣获一等奖，而后学院工会领导来找我，问我愿不愿意继续参加全省的教学比赛。可能是因为初生牛犊不怕虎吧，没有多少心理负担的我在初选赛上拿到了第一名的好成绩，并顺利拿到了省赛的通知书。此时，我才真正感觉压力山大，因为比赛需要准备 20 节课，包括详细的教学设计和制作完善 PPT。那时的我，甚至都还没完整地上完一轮课程，平时的教学设计也没有那么精细，就连 PPT 都还没有一个完整的模板。这样的我,真的可以吗?一连串的疑惑虽让自己很沮丧,但要强的我最终还是咬牙坚持着。离比赛只有短短二十多天的时间,我通宵达旦地做教学设计和PPT,在领导和老师们的帮助和指导下,我终于赶在比赛前顶着深深的黑眼圈完成了全部的上交材料。本以为就到此为止,没想到我竟然荣获了全省二等奖。突如其来的获奖让我更加坚信自己在教学上的潜力,虽然在教学理念、经验、手段上还有诸多不足,但这激励我继续在教学的道路上摸索前行。

四、从演奏的艺术,到教学的艺术

“教学无止境,且行且思。”参加教学比赛之前我也曾上网多方搜索,真的很难找到一个获得较高奖项的音乐技能课程的视频。对比其他文科专业学科,艺术专业课程尤其是技能课程的确存在巨大差别,传统一对一的艺术课程授课模式很容易变成单纯的艺术演奏技巧课。我印象非常深刻的是,有一位领导曾语重心长地对我说:“很多艺术教师给我的印象基本上都是:有个性、说话直、总觉得自己的专业很特殊,总觉得别人都不能理解他的专业,却忘记了自己的天职首先是教学。”的确,有些音乐老师会觉得自己是有专门技能的,除了自己的技能,其他什么都不重要——可以不关心学术前沿,甚至可以不读书不写作,不研究教学的艺术。作为一名专业的音乐老师,不论专业技能是什么,无论教授的课程具体是什么,首先必须是一名称职的教师——有理想信念、有道德情操、有扎实学识、有仁爱之心,这与其他学科的教师并无任何不同。如果只埋头钻研某些特定的音乐作品,被具体的演奏技法或专业方向捆绑了手脚,完全不考虑教学理念和方法,不以学生为中心,肯定上不好音乐技能课。从这个角度说,教师有良好的音乐技能是基础,但如何能让音乐技能课的课堂真正能实现教学效果的最大化、实现学生能力和素养的真正提升,这才是我们更应该去思考的问题。

恰如教育家杜威所说:“教育并不是一件‘告诉’和‘被告知’的事情,而是一个主动的和建设性的过程,这个原理几乎在理论上无人不承认,而在实践中又无人不违反。”一名优秀的钢琴演奏家,尚且不一定能成为一名优秀的钢琴教育家,更何况是我们这些普通的钢琴教师呢?古语有云:“求木之长者,必固其根本;欲流之远者,必浚其泉源。”教师要想在教学上取得好成绩,教学基本功必须非常扎实,个人综合素质必须非常过硬。于是,我开始一点点摸索,从自身音乐素养出发,积极研究相关教育学理论,再一一实践到课堂进行检验,反反复复。这一摸索就是好几年,虽然费时,但也见真章。慢慢地,我形成了自己的教学理念和讲课风格,并不断探索以学生为主体、更注重学生探究能力培养和课程思政有机融入的创新教学模式。(尹婷婷考师在课堂教学中,见图 4-1。)

图 4-1　尹婷婷老师在课堂教学中

五、多觉联动,让课堂动起来

音乐技能课的独特之处在于课堂教学与实训练习的紧密结

合，课上教师对于正确技术技巧的阐述与分解越明确、越清晰，学生们课下对于具体曲目的练习就越笃定、越深入，效率也越高。但学生们的学习若只是停留在动作模仿的层面，就不免落入没有创造性和表达性的窠臼。在对教学方法的摸索中，我发现理论界新提出的"多觉联动音乐教学法"非常适合音乐技能课的实践教学。

多觉联动教学法是一种基于具身认知、身体美学、通感联觉等理论，能调动多种感官参与，遵循音乐艺术的特征和学生的身心特点，采用听、说、动、舞、演、编、创等的相互交融去感受体验审美对象，并进行表现的方法。在教学实践中，最大的难度在于与具体教学内容的深度融合、课堂的动态氛围把控和学习动力的持续激发上。在实训表演的小组合作钢琴童话剧中，学生们自主设计故事情节和情境，用幼儿歌曲改编弹唱和舞蹈律动等方式表达音乐童话故事，实现了情感的主动表达和内在输出，综合艺术素养得到更全面的挖掘和提升。

六、用爱播种，一切从学生出发

雅斯贝尔斯在《什么是教育》中有一个著名的观点："教育的本质意味着：一棵树摇动另一棵树，一朵云推动另一朵云，一个灵魂唤醒另一个灵魂。"而这一切都源于内心对教育事业毫无保留的热爱和对学生深入的理解与研究。学前教育专业的学生们入学前基本没有音乐技能基础，对于练习钢琴这种精细动作的技能训练有着天然的隔阂和恐惧，而技能的训练又有赖于学生课下的有效练习。因此，在教学内容的准备上，我融合了学前教育专业大学生的身心特点和幼儿园中3～6岁幼儿的身心特点研究，注重模拟幼儿课堂互动和幼儿园音乐游戏活动设计，从启发式教学到总结升发课程主题，运用大量一线幼儿园实际教学情境案例作为延伸学习和课后探讨，将课程变得更"有意思"，更"接地气"。

在教学节段的设计上，下功夫与学生一起去探讨出有突出主题特色的内容情境，以便迅速抓住学生的注意力，更好地将专业性与审美性融合在一起，将课程思政中的教育元素与音乐艺术融合在一起，让学生们能在悠扬的琴声中一步步进入设定的“诗意教育”“审美教育”中。在课后作业的实训环节，用更多爱心和耐心进行一对一指导和小组指导，确保每个同学都能掌握技能技巧要点，将音乐之美进行传递、表达与升华。

七、团队合作，迸发集体力量

“台上一分钟，台下十年功。”佳绩的背后蕴含的是教学团队长期的坚持和反复的打磨。不仅在备课时，我需要在团队的支持和帮助下，将查阅到的大量资料融会贯通到各个教学环节，在比赛过程中，我的教学团队更是倾尽全力，帮助我磨课，一步步出精品。参加省赛时，需要所有参赛教师每人准备20个教学节段的讲授内容，比赛现场再以抽签的方式选取其中一节课参赛，而且比赛时为无生试讲，现场不提供听课学生。在这样的赛制下，我虽然已是一名有着十年教龄的“老教师”，但也不免有些慌乱，尤其是幼儿歌曲即兴伴奏课程是一门理论学习与实训练习1+1的课程。在无生试讲中由于无法进行真实的师生实训互动，无法针对学生的实际演奏情况进行有针对性的指导，原本的课程内容生生被压缩了一半，因此如何扩充课程内容成为困扰我的一大难题，我甚至一度陷入了一种自我肯定与否定的循环中。

此时，幸而有艺术教育教研室的老师们与学院教学督导组的各位专家以及实习实训基地幼儿园的园长们。是他们向我伸出了援助之手，一次次组织集体备课打磨教学设计，一次次组织优秀教师帮助推敲教学方案和试讲语言，一次次无私提供实训基地幼儿园的一线教学实践视频，实训基地幼儿园的园长甚至把幼儿园珍藏的教学视频素材库的密码给我，以便我去搜集教学素材。我清晰地记得，每当我备课备得几乎绝望，数次面临崩溃，急得眼泪直流时，是学院的督导专家们给了我支持和鼓励，尤其是艺术教育教研室的老师们，经常晚上十一点多都还在对我的教学设计提建议，不管是教学亮点提升还是教学策略修正都毫无保留。那些点滴的感动、那些贴心的付出，汇聚成我对中国教育者“大先生精神”的切肤体会，也凝聚成了我传递教育火炬的信念和力量。（尹婷婷老师在潍坊学院参加全省复赛，见图 7-1。）

图 7-1　尹婷婷老师在潍坊学院参加全省复赛

八、初心如水，静待花开

于漪老师的那句“一辈子做老师，一辈子学着做老师”一直萦绕在我的耳边。于我而言，在路上，就是每一场比赛都作为一次教学的历练，每一次站在讲台中央都作为一次自我提升的锻炼。即便我有了家庭，有了两个年幼的孩子，但是我对教育事业依然热爱，并立志为之奋斗终生。（尹婷婷老师在山东大学参加全省决赛，见图 8-1。）

图 8-1　尹婷婷老师在山东大学参加全省决赛

从初冬到盛夏，近 10 个月的备赛时光，于我而言，第二次参加全省教学比赛真的是一段难得的经历。虽然我深知成绩不能代表一切，但我想让它成为我曾经努力过、拼搏过的见证，也想让自己在脚踏实地的深入钻研学习中不断积累经验，创新思路、方法，如此才能离优秀的目标越来越近。带着这份热情与活力，我刚刚卸下了省赛重担，转身就投入第八届山东省音乐舞蹈专业师生基本功展示比赛中。对教育事业的追求是一辈子的事情，无论身处何时何地，对自身能力提升的渴望与追求，激励着我一直不懈努力。我深信，唯有对专业的一丝不苟，唯有对细节的层层推敲，唯有对教育理想的不懈追求，才能真正提升个人的专业素养，实现教师素质的持续提升。（尹婷婷老师参加音乐舞蹈专业师生基本功展示比赛，见图 8-2。）

图 8-2　尹婷婷老师参加音乐舞蹈专业师生基本功展示比赛

九、栖身揽月为星斗，一腔热爱染芳华

冰心先生曾说："爱在左，情在右，在生命的两旁，随时撒种，随时开花。"对我来说，我在左，学生在右，在教学的道路上，虽然有旅途上的劳顿，但更多的是行者无疆的探索、教育寻梦的喜悦。一天天、一届届，十年如一日的坚持，我渐渐夯实了理论功底，练就了扎实的教学技艺，丰富了教学实践，更积极参与策划和参演美育大课堂，力求成为学生眼中当之无愧的"始于颜值，陷于才华，忠于人品"的好老师。2020 年 10 月中共中央办公厅、国务院办公厅印发的《关于全面加强和改进新时代学校美育工作的意见》指出："美是纯洁道德、丰富精神的重要源泉。美育是审美教育、情操教育、心灵教育、也是丰富想象力和培养创新意识的教育，能提升审美素养、陶冶情操、温润心灵、激发创新创造活力。"作为一名新时代的艺术专业教师和美育教师，课程教学只是其中一个部分，用大美育的视野来影响学生，才能让学生们发现美、感受美、理解美，在此基础上去表达美、重构美、创

造美，将来能做生活的艺术家则是美育更重要的目标。朝着这个目标，我还有太多的知识要学习，还有太多的技能和素养需要提升。（尹婷婷老师在学院毕业晚会上演奏，见图 9-1。）

图 9-1　尹婷婷老师在学院毕业晚会上演奏

梅贻琦先生曾说过："学校犹水也，师生犹鱼也，其行动游泳也，大鱼前导，小鱼尾随，是从游也，从游既久，其濡染观摩之效，自不求而至，不为而成。"对于教育的探索，我无疑还只是在不断摸索的路上。如果说，十年前我的梦想还只是一个模模糊糊的星辰大海的轮廓，今天已更明确了那个星辰大海绝不是只属于我个人的。作为教育人，我必将会"栖身揽月只为满天星斗"，始终站在教育这一精神高地上，用心守护着三尺讲台，坚守初心，默默耕耘，"一腔热爱只为教育事业"，以艺术之美感染学生们的芬芳年华，用心血和汗水点燃他们心中的希望和梦想。"道阻且长，行之将至；行而不辍，未来可期"，因为那些星辰大海和缤纷年华，正是我们教育人永不停歇的追求！

个人简介

尹婷婷，女，1985 年出生，钢琴演奏与教学硕士，滨州学院教师教育学院青年教师，2021 年度南京师范大学访问学者，滨州市钢琴学会理事、学术委员会委员，主要从事学前艺术教育、美育研究。获山东省第八届超星杯青年教师教学比赛一等奖，首届山东省青年教师教学竞赛二等奖，山东省第五届、第八届高校音乐舞蹈专业师生基本功展示键盘(教师组)一等奖，首届全省高等学校教师微课教学比赛一等奖等。担任山东省精品课程“和声学”主讲教师。主持山东省艺术教育专项课题一项，市级课题三项。著有个人专著《钢琴演奏与伴奏艺术》一部，论文十数篇。

做好本职工作，站好三尺讲台

张　敏

我在攻读硕博期间被导师逻辑清晰、触类旁通、循循引导的讲课方式所折服，从此暗暗立下了“想要当一名教师”的志向，并在读书期间担任起导师的课程助教。毕业后自己如愿地站到讲台之上，更深刻认识到成功讲好一门课程不仅需要丰富的知识储备和善于思考的学术态度，更需要教师那份对职业的坚定信念、对学生的真心爱护以及与周围志同道合同志的扶掖偕行。

一、坚守初心，教学是职业之本

教学是教师的职业之本。习近平总书记在全国教育大会上强调，要坚持中国特色社会主义教育发展道路，培养德智体美劳全面发展的社会主义建设者和接班人。对于国家而言，教育工作决定了培养什么人、怎样培养人、为谁培养人；对于一线教学工作者而言，能否担起职业重任、培养好人才，是发挥职业功用、实现自我价值的根本所在。

我始终认为，教师的职业生涯是一场长跑，而青年教师所经历的职业前期阶段则是一个需要下功夫不断积累、不断付出的积淀过程。

犹记得自己刚刚入职时，每天花很多时间准备教案、设计教学环节，而当自己战战兢兢站到讲台上时，又没有呈现出理想的课堂教学效果，因此常常怀疑自己的讲课能力，甚至一度认为自己不适合教师这个职业。好在我没有放弃，学会了利用最笨的方法——反复观摩优秀教师的课堂。利用这种反复学习先进模范的方法，我慢慢总结出了许多心得，慢慢知道优秀的教师应该怎样准备课程、怎样阐述问题、怎样与学生沟通互动、怎样启发学生自我思索。通过逐渐总结，我也摸索出教师应该如何在课堂上引领思路，如何加强与学生的沟通，如何接受学生给予的反馈与建议，也明确了学生的需求和期望。在学习先进之外，对于本专业课程理论逻辑的扎实掌握才是讲授好一门课程的根基，但是枯燥的理论阐述有时候不能使缺乏社会经验的学生在短时间内准确接受，所以丰富的实践案例教学是帮助学生准确理解课程内容的重要途径，也会激发学生对课程的兴趣，更会指导学生运用所学习的知识解释和指导实践中的实际情况。所以，我在课余时间不断获取最新的知识及案例信息，丰富课堂的前沿性和趣味性。久而久之，我也能够在准备课程的过程中体验付出和积累的快乐，同时提升课堂效果，学生的抬头率、接受度也大幅度提高。

因此，作为青年教师，应该明确职业生涯长跑的最初阶段是最辛苦的阶段，但也是最重要的奠基阶段。越是面对困难，就越要坚守初心，将教学工作作为职业之本，肯下笨功夫，肯向周围人学习，肯听学生的思路想法，勤奋充实自己的储备，才可能提升自己的教学质量。唯有先播种，才能谈收获；唯有心怀信念，才能体味其中快乐。

二、转变观念，发挥学生主动性

刚站上讲台，我满怀热忱，整合自己所学，阅读不同版本的教材，努力将所学的知识无所保留地传授给学生，希望提升学生的专业能力。经过一段时间的实践，我的努力收获了一定效果，发现大部分学生能够把知识点听懂。然而，随着教学经验的增加，越来越多的困惑在我心中积累。例如，学生从“会学”到“会用”还有一定距离、不同学生对知识的掌握水平和速度不同等等。如何进一步提升学生对于课程知识的掌握程度，并确实成为学生头脑中可以解释并指导实践的知识储备，成为我长期以来没能解决的问题。

在参加山东省青教赛过程中，我对这一问题有了新的认识和感悟。整个备赛过程使我逐步体会到，最好的大学课堂不是“教”课，而是要激发学生的主动性，领着学生一起“学”课。

在备赛过程中，我有机会看到往届青教赛教师的风采，也学习了大量关注教师教学能力相关的文献，同时也向身边经验丰富的优秀教师请教。我发现，这些优秀的教师都有一个共同点，那就是：真正做到以学生为中心，即不仅仅要“传授”好知识，还要带学生一起“学习”好知识。

以我所讲授的经济管理类课程为例，在过去授课过程中，我多采用讲授法，彼时认为穿插一个案例讲解就是案例教学，用案例教学就可以帮助学生理解。但在准备青教赛过程中，我意识到这种简单的变化产生的教学效果远不及真正“以学生为中心”这一教学理念指导下的教学效果。于是，我在以后的课程教学中进行了如下改进。

第一，注重学生思维能力的锻炼。学生在课堂上较为容易获取的是知识点，但较难建立的是学科知识背后的思维能力，即在学习过程中不仅要把枯燥的学术名词准确掌握，还需要清楚地指导这些学术概念之后的理论逻辑是什么，更要指导这个理论逻辑可以解释或者指导什么样的实践内容。由此看来，引导学生在了解学术概念背后理论逻辑的基础上掌握学术概念，不仅能使扎实地掌握知识点内容，更能使学生的思维能力得到锤炼，进而对于相关学科的学习、指导实践，可以起到事半功倍的效果。

例如，在课程概述的讲述过程中，我改掉过去过于依赖教材的思路，利用自己对整个课程的理解，梳理出“概述”中重要的问题：为什么学、怎么学、学什么。针对“为什么学”的问题，将课程放置在宏观经济背景中，结合学生所见的发生在身边的许多实际事情，理解课程介绍的理论在实际生活中发挥的重要作用；针对“怎么学”的问题，通过案例呈现学科基本规律，在基本规律的讨论中让学生自己体会“接触新的课程时要注意课程思维的掌握”的道理，也引导学生更为深入地领悟“万变不离其宗”的硬道理；针对“学什么”的问题，充分发挥学生的自主性，让学生通过思维导图的方式，查阅目录与教材，自己补充知识图谱，在自主学习的过程中完成对整本教材架构的概览。

第二，站在学生的视角和根据教学内容的需要选取案例。并非教学过程中加入案例就是真正的案例教学，硬加入过时的、难以理解的案例，非但没有起到解释知识点的作用，反而增加了学生理解知识点的难度。因此，在课堂讲授过程中，我力求站在学生的视角，选取具有时效性、趣味性、生活性、可理解性的案例，学生对案例感兴趣，也愿意探索案例背后隐含的道理。在此基础上，将复杂的理论解释、机理演变融入案例讲解中，随着案例结果的变化呈现必然逻辑的因果关系，这更容易使学生掌握课程内容的逻辑关系。通过以上改进，学生对于较难学习和理解的机理问题、理论问题产生了深入讨论、进一步挖掘的兴趣，从而轻松完成复杂理论的理解和学习。

第三，课程思政有机融入。大学教育的核心，不仅仅要培养有知识的人才，更要培养有爱国热情、有社会责任、有担当作为的人才。作为高校教师，将自己的课程有机融汇课程思政，对于学生价值观的影响是潜移默化的。例如，讲解经济类课程时，结合我国经济发展历程、历次改革的初心及其在实践中展现的引领发展的积极作用，既能让同学们加深理解相关的知识点，又能够从专业视角增强对我国经济发展实践的体悟，从而提升其投身社会主义经济建设的积极性，一举多得。

三、合作共赢，做好团队螺丝钉

独木不成林。面对信息时代的海量数据，只靠自己的力量搜集信息、追踪前沿，为学生提供的知识永远是有限的、孤立的。只有通过团队合作，将各自的知识孤岛连接起来，才能为学生提供更为广阔的知识陆地。良好的团队氛围，不仅能够实现资源共享、提升课堂内容的丰富程度，还有利于发挥相互引领、相互促进、相互激励的作用，形成互助共进的局面。

从形式上，当前高校大多数课堂是教师独立教学，但实际上，教师背后是否有团队、团队是否能做好教学工作等问题实实在在地影响教学质量。很荣幸，我在参加工作之初就融入了热心、团结、进取的教学团队。在这里，有老教授的“传、帮、带”，也有同龄人的共切磋，大家互相听课、互提建议。有的老师将科研思路充分地融入课程之中，让学生在课堂上领悟科研的逻辑魅力，提升对理论背后逻辑推理的追问兴趣；有的老师很好地结合了实践，让学生在“动手”的过程中“动脑”，在做中学；有的老师巧妙地设计了差异化学习方案，实现“因材施教”。团队的研讨为每一位成员课程的优化提供了借鉴和思路，不定期的专家指导也为青年教师提供了突破瓶颈的建议。可以说，没有集体的团结奋进，就不会有一个人的出彩。

作为青年教师，我们要把自己的进步与团队的发展紧密联系在一起，学会合作、学会分享，做好团队的螺丝钉，做好团队的建设者，让教学团队成为支撑每一位教师前进的坚实后盾。

四、总结

大国崛起，教育为先。对于我们青年教师而言，将自己的行动融入国家的发展中，融入历史的趋势中，融入社会的需要中，融入教书育人的实践中，坚守初心、不断进取，才是实现人生价值的方式和归宿。端正教学态度、提升教学能力、优化教学效果，是教师职业生涯的永恒主题，而在进取的道路上，我将不断追逐、不断奋进，永不止步。

作者简介

张敏，女，1989 年出生，博士，滨州学院讲师，主要从事企业管理研究。主持市级社科规划重点课题 1 项，出版学术专著 1 部，发表学术论文 4 篇。获山东省第八届高校青年教师教学比赛一等奖。

以梦为马，不负韶华

韩佳佳

非常喜欢《钢铁是怎样炼成的》主人公保尔·柯察金说过的一句话："当他回首往事的时候，他不因虚度年华而悔恨，也不因碌碌无为而羞愧。"从我踏上滨州学院讲台的那一刻，我便深知教书育人的重要性，如何帮助学生更好地学习知识、掌握技能、提高素养、全面成长，是我长期以来孜孜不倦的追求目标。事实上，理想与目标的实现，除了自身全力以赴之外，很多时候需要一个契机，通过一定的载体，才能借助自身的才能与坚毅来达成它。对于我而言，参加青教赛，就是一次难得的契机，备赛是如琢如磨和砥砺前行的历练，参赛是快速成长和华丽蜕变的跃升，整个过程就是一场自我提升的文化苦旅，最终收获的是愈发坚定的信念和目标渐进的欣喜。

一、备赛历程

2019 年 11 月，我有幸代表飞行学院参加山东省第七届青教赛校内选拔赛，由此这场充满期待又极尽挑战的文化苦旅正式启程。

2020 年 1 月，还记得收到进入复赛短信时的激动和紧张，就这样开始了紧张的复赛备赛阶段。从选题、整体设计到 PPT 的制作，再到讲稿的撰写,前后历时三个月。每天睁开眼就在想:这个课我应该怎样设计?PPT应如何排版?PPT跟讲课如何无缝对接,才能让这节课精彩纷呈,让人眼前一亮?就这样每天日复一日地重复着,直到课的打磨达到自己最满意的程度,做到20个教学节段个个都是拿手精品课。

2020年7月中旬,收到即将进行决赛的通知,内心变得紧张焦虑,即使前期做了大量工作,但还是在不断地自我肯定与否定的循环中开启了备赛冲刺阶段。仍然记得每天校园里伴着月光回家的日子,还有同事朋友领导那耐心的开解、鼓励的眼神。有时因教学设计毫无头绪而陷入焦虑,有时也会因发现一个好的设计亮点而欣喜若狂。经历了这些或焦虑、或欣喜、或顿悟的时刻,心态愈发平和,能够更加从容地在决赛日展现自我,平静地等待结果。在整个备赛过程中,自己对教学理念的理解、对教学材料的把握、对教学设计的思考也愈发地深刻、精准和深入。

二、参赛感悟

青教赛,对于我而言,同样是一场自我净化的灵魂洗礼,其中的收获与感悟难以尽述,谨在此作如下反思。

(一)精准把握课程定位,别出心裁设计课程内容,突出课程特色

"飞行员专业英语"是一门专门用途英语课程,它融合了基础英语与行业内的专业知识,是在普通英语、航空基础英语及飞行员英语陆空通话基础上形成的一门必修主干核心课程。由于难度较大,专业性极强,为了精准把握课程定位,更好地融合外语学科的人文性与航空理论的科学性,课程设计显得尤为重要。

在教学方法上,基于该课程的专业特殊性与语言应用性,课堂上秉承浸入式语言教学理念,创设全英文的教学环境,注重学员的课堂参与。同时,为了更好地对接行业,在教学开展过程中严格按照行业标准培养学生的专业素养。

在课程整体设计思路上，首先，我以时政新闻、日常现象、飞行常识等极具人文气息的内容为切入点，一步步引入新问题、新知识，避免“空中楼阁”，便于学生理解。其次，运用内容依托式教学法，把握一条主线，运用逻辑化的三个问题：What? How? Why? 清晰地讲解核心内容，突出重点，突破难点。最后，为了更好地强化飞行安全与责任意识，分析典型案例，引导学生理解飞行之路既精彩又艰辛，必须牢记民航精神，在不断地自我激励与突破的进程中成长为一名优秀的民航机长。

按照这样的设计思路，20 个教学节段的设计，每一个都有突出的主题特色，每一个都有抓住学生注意力的亮点，每一阶段的导入与结尾都设计得别出心裁，将航空理论融入外语课堂，深入浅出地讲解枯燥的学科知识，创造出文科课程应具备的感染力与带动力。

（二）细节决定成败，把小事做细，把细事做透

简单的事情重复做，你就是专家；重复的事情用心做，你就是赢家。在备赛的过程中，要想比别人更优秀，只有在每一件小事上比功夫，奥妙全在细微处。我的参赛课程既是我的最大亮点，同时也是最大挑战，让文科的评委老师能够听懂英文版的“航空概论”，除了语言之外，还需要一个很重要的载体，那就是 PPT。因此，我的 PPT 内放入了大量的视频、图片，视频的语言必须地道，图片必须高清。为此，我找到国外的学生，让他们帮我下载最新的航空英语视频、图片材料，有时候为了挑选一个视频、一张合适的图片会消耗一天的时间，然后再进行精准时间段截取，图片的契合度、清晰度调整，PPT 的整体美观排版、动画设计，等等。每天不断重复地工作，久而久之，我对 PPT 的驾驭能力逐渐增强。PPT 初步成型后，开始讲稿的撰写，句子间的衔接、词语的多样化选择、语法的精准把握、每节课讲稿字数的控制，导入与结尾环节时间的掌控，反复演练，控制语速，掌控时间。即使是这样的细致设计，在最终上传材料前，我的 PPT 跟教学设计也反复检查修改

了10遍，每一遍都能发现细微问题，再修改，再提交。

最终演练环节，服装、妆容、教态的细微设计必须体现高校教师应有的气场，细到胸针的选择、微表情的掌控，最终呈现出来的应该是自己最佳的理想状态，才无愧于这段披星戴月的日子。在教学中，细节不是“细枝末节”，而是用心，是一种认真的态度和科学的精神。

（三）天时不如地利，地利不如人和，没有最优秀的个人，只有最卓越的团队

教学不是孤立的，好的教师需要不断地自我总结，更需要与其他教师相互学习，优异成绩取得的背后是一个强大备赛团队的坚实支撑。“飞行员专业英语”这门课专业性极强，作为一名外语专业的文科生，在航空理论科学性与精准性的把握上，我遇到了难以突破的瓶颈。这时在院领导的带动下，备赛团队成立，集体打磨课程，团队众志成城、凝心聚力，所有团队成员都为比赛倾注了大量的心血。从PPT制作到听课点评，各人思路不同，亮点不断。这让我不禁感慨：要上好一堂课真不容易！虽然每一次磨课苦不堪言，其中滋味唯有自己才能体会，但是什么使你痛苦，什么必使你强大。集体教研中，老师们指出的问题中肯、真诚、一语中的，为不断地修改、进步指明了方向。学院领导与前辈教师们一路为我保驾护航，他们一次又一次利用自己的休息时间与我讨论课程设计，为我出谋划策，展现出了更甚于我的专注与投入。

在决赛前夕及当天，带给我最多感动的是教务处各位领导老师给予的鼓励和帮助。考虑到直播比赛的特殊性，从直播设备的调试到参赛服装的建议，以及每位老师给予的宽慰、鼓励的话语和眼神，都令我紧张的心有了依靠和舒缓，让我体会到这场旅行是一场温暖的“陪伴之旅”。虽然站在赛场上的只有我一个人，但是我的课程呈现是团队智慧的结晶。

（四）以教书育人、育人为先为理念，在英语教学中渗透德育教育及职业素养教育，将课程思政理念润物细无声地融入课堂

在教授专业英语课程的同时，我始终坚持帮助学生树立先做人、再做事的理念，将德育教育和职业素养教育渗透到英语教学中。在教学过程中，时刻遵循“思想过硬、行为规范、纪律严明、技术精湛”的院训，“高标准、严要求”，强化飞行员的责任与安全意识。在教学方法上，除了专业的语言教学法的应用，帮助学生打好语言基础之外，我更注重运用案例教学法，通过英雄机长的事迹，让学生学习飞行员应具备的品质，理解民航精神的内涵理念，提升学生的职业素养。在授课过程中，我始终坚信教师的情感、态度会感染学生，进而影响学生的学习效果及身心发展。因此，在课堂上，对待学生要严管厚爱。对学生既要有仁爱之心，又要严加管理，尤其对于飞行学员，更要“严”字当头，帮助其形成职业素养，为学生逐梦蓝天当好领航员。

三、职业展望

最后，我想借用汪国真先生的一句话：“既然目标是地平线，留给世界的只能是背影。”既然选择了教育，就撑一支长篙，向青草更青处漫溯。是的，既然选择了教育，就要在这道路上有信心，有耐心，脚踏实地向前奔走，一步一个脚印，踏上漫漫征途，总会有一天能够登上成功的峰顶。

作为一名高校教师，在明确自己目标信念的基础上，还要注重理论知识的传授与更新，密切跟踪学科前沿，重视提升教育科研能力，在未来的教学之路上，全力以赴地用学术培人、用情怀育人、用信念化人，不断精进自己的教育教学道路，深信终有一天，我也会“满载一船星辉，在星辉斑斓里放歌”，为更多学子“点亮理想的灯，照亮前行的路”。

作者简介

韩佳佳，女，1987 年 5 月出生，硕士，滨州学院飞行学院航空英语教研室专任教师、讲师。主要从事专门用途英语教学研究、传统文化译介研究等。主持山东省社科规划项目 1 项、市厅级项目 5 项，发表论文近 20 篇，申请实用新型专利 3 项。荣获山东省第七届青年教师教学竞赛一等奖、滨州学院青年教师教学比赛一等奖、微课教学比赛一等奖，荣获全国大学生英语竞赛“优秀指导教师”荣誉称号，获滨州市优秀社科成果奖三等奖 3 项。

构建多维度的课程　打造有温度的课堂

刘　昕

脱贫攻坚战中，她带领学生为大凉山的孩子们进行公益授课，获评国家级优秀志愿服务团队；疫情时期，她挑起学校海外汉籍研究中心大梁，创新性的中外联动工作模式被作为优秀经验进行全省推广；"出征"省赛前，她还在参与国家语合中心"汉语桥"的韩国、俄罗斯、泰国项目；深夜备课时，她总是先哄睡两个年幼的孩子，再悄悄起身拧亮一盏小小的台灯……她就是山东省第八届高校青年教师教学比赛一等奖获得者——鲁东大学国际教育学院的青年博士后教师刘昕。

一、团结协作、辛苦付出："1600页课件"背后的故事

青教赛需要从20个教学节段中现场随机抽取1个参赛。"如何进行教学设计，才能保证随机抽取也能出彩？""每个主题都有海量资料，但现场展示只有20分钟，到底该如何取舍？"这对于从教刚刚满三年的刘昕而言，是巨大的难题与考验。

为此，学院专门成立了教学经验丰富的专家智囊团，既有二级教授为学术性的深度和广度把关，又有从教三十余年的业务骨干为课

堂设计添彩。尤其是分管学院教学工作的毛嘉宾副院长，更是在整个备赛过程中给予了刘昕一路的全身心陪伴，从最初每一讲主题的取舍，到中途每一处细节的打磨，再到最后冲刺阶段每一分每一秒的拿捏，真的是“有时治愈、常常帮助、总是安慰”，给了青年教师极大的实际关怀与精神动力。

要备出20讲内容丰富、环节完整、逻辑顺畅、精准踩点的参赛节段，工作量极大。白天的本职工作不能耽误，所以每晚哄好两个学龄前的孩子睡下，她就开始挑灯夜战、伏案工作，一遍遍修改、更新教案，一次次推翻之前还不够完善的心血。“累了？困了？那就用凉水洗把脸提提神继续吧，”刘昕笑着说：“任何事情只要想做到最好，就不会是件容易的事。无论结果如何，都尽最大的努力去做，这个过程本身也是在为孩子和学生们树立一个正向的榜样。”

20分钟的课能讲多少内容？几乎每一次修改备课，整组课件就要被从头至尾打磨一遍。正是因为下了这样一次次如切如磋、如琢如磨的水磨工夫，慢慢地，刘昕对课堂的编排布局及时间的合理掌控逐渐了然于心。最终，一个个坐以待旦的不眠之夜化作赛场上惊艳的亮相，1600多页精美的课件化作亮眼的徽章闪闪发光。

决赛时，刘昕抽到的题目是《弦外之音——古代音乐与中国文化》。她以传统民歌及“中国风”导入，将出土文物与传世文献相结合，从五声、七声到十二声，从诗乐舞一体到礼乐文化，围绕“音乐”这一主题旁征博引，巧妙地实现了考古、文学、历史、哲学与生物、物理、化学、数学的跨学科梦幻联动，穿插其中的思政教育内容春风化雨、润物无声，最终得到了评委们一致的高度认可。

二、专注教学、敏于创新：践行“4A”教学模式

刘昕的参赛课程是“中国文化概论”。

2019年1月，习近平总书记提出“导向为魂，内容为王，创新为要”的重要指示，同年9月，鲁东大学国际教育学院围绕这一指示启动

了新一轮的教学改革，经过层层打磨逐步摸索并形成了一套“趣课堂（Absorbing classroom）、精学术（Academic research）、乐公益（Attractive public-benefit-activities）、勇创新（Adventurous innovation）”的“4A”无痕思政创新模式。刘昕主讲的“中国文化概论”，正是提出并践行这一模式的首门代表性课程。通过环环相扣的沉浸式、任务式、服务式教学，达到无痕思政的课程思政效果，深受学生们的喜爱与欢迎。

不管是备战青教赛，还是常态化教学，刘昕都紧紧围绕“教材的深加工、问题导向、无痕思政”展开，“一课一个故事，引发一串问题，通过一系列方法，推导出一个主题”是她的主打授课方式。学生们被有趣的课堂吸引，在无痕的思政中获益，通过创新获得能力的提升，参与公益反哺回报社会，在“4A”教学模式的完整闭环里习得专业知识、获得情感共鸣、找到人生方向、实现自我价值。

“我很喜欢老师这份工作。上学时做科研是自我学习，现在教学是带着学生学习。”从第一次走上讲台，她就给自己定下了“用心备好每分钟，讲进学生心坎里”的标准，并为了达成这一标准而不断自己跟自己较劲儿。

“在刘老师的课堂上，你会觉得被一只无形却有魔力的手牵引着走，”鲁东大学国际教育学院2020级学生常宇昂说，“我们总是一上来就被老师设置的开篇案例激起学习兴趣与参与热情，自始至终被一连串问题牢牢吸引着，忍不住为寻找线索、解决问题而聚精会神，为渴望‘通关’而积极主动思考。”

得益于学院对教改工作的大力支持，刘昕的“4A”模式充分利用平时作业、实践作业和期中考试的机会，将部分门槛较低、可习得性较强、与现有知识联系紧密的硕博知识点引入本科作业中，实现“学术降维”与“培养升格”的双轮驱动。在鲁东大学国际教育学院“中国文化概论”的考核体系中，既有元典著作的精读作业，也有向国际学生解释中国文化的口头作业；既有参观博物馆、详解视频、记录文化手账的实践作业，也有查阅参考文献、梳理史实、形成学术观点的论文作业；既有繁体字认读、摹写录入、点校整理的传统作业，也有搜集素材、编写剧本、排演剧目的创意作业；既有完成课后习题、按时打卡提交的课内作业，也有走进周边社区、组织公益活动的课外作业。

在“全课程育人”理念的指引下，这些作业虽然形式多种多样，却始终围绕着一个主题，即“讲好中国故事，传播中国声音”，也始终围绕着一个目标，即“提升学术素养，实现无痕思政”。“学术降维”使感兴趣、有天分、肯努力的本科生有机会提前接触更高层次的硕博知识，为引导这部分学生走上真正的科研之路提供了更多的可能性；“培养升格”则在一定程度上打破了原有本科知识体系的天花板，拓宽了学生的视野，使部分学生即使不在本专业继续深造也有了看得更高更远的机会。

如果说思政教育为学生点亮了一盏明灯，那么过硬的专业能力则催生了学生更强的职业荣誉感与责任使命感。

三、淬炼团队、产出成果："四位一体"全方向育人

培养人才始终是大学的根本使命。“我自己的求学经历使我深刻地认识到‘教研创一体’的重要性，所以我也希望学生们可以在我的课堂上体会到研究性学习带来的价值与快乐。”

围绕“中华优秀传统文化传承与传播”这一主题，刘昕将教师的科研与教学项目、学生的“双创”与实践项目交叉培育、协同推进，旨在“培养一批学生、淬炼一支团队、产出一批成果、探索一种模式”，形成“科研－教学－育人－双创”四位一体的创新发展格局，共同为中华优秀传统文化传承与传播贡献课程建设力量。

依托“中国文化概论”课程本体及其延伸内容，选课学生在科研、双创、公益等方面亮点频出，育人成果显著，充分体现出该课程的定力与活力。

截至目前，选课学生已累计获批课程相关的国家级重点大学生

创新训练计划1项、国家级一般项目12项、省级各类研究性课题16项；获得教育部“互联网＋”大学生创新创业大赛国家级银奖1项、铜奖3项、省级金奖2项、银奖1项；“创青春”山东省大学生创新创业大赛银奖1项；“一带一路”跨境电商大赛国家级金奖1项；中韩大学生创业大赛铜奖1项；连续三届选课学生先后开展“脱贫攻坚”四川凉山公益课、“扶贫扶智”甘肃临夏公益课、“文化润疆”新疆喀什公益课，被中央电视台《新闻联播》、《人民日报》、《光明日报》、《中国教育报》、山东教育电视台等多家媒体报道，收到教育部、多省教育厅发来的感谢信，获评共青团中央“全国大学生优秀志愿服务团队”；多名学生获评各级志愿服务先进个人、大学生科创先进个人等。

文以载道，以文化人。这是刘昕在“中国文化概论”课堂上的教学目标，也是她对学生们肩负家国情怀、早日成长成材的殷殷期望。

四、以赛促教、以赛促建：三级竞赛促成长

“回顾我的成长和取得的成绩，离不开学院的帮扶，离不开学校的支持！”刘昕感慨道。鲁东大学国际教育学院一直以教学为本，历来重视教学质量，除了课程团队不断一起磨课外，还邀请了相关专家进行指导与点评，种种举措都给予她很大的帮助。

为加强师资队伍建设，激励和引导中青年教师积极投身教学工作，鲁东大学将教师教学竞赛作为培养中青年教师、提高本科教学质量的一项重要举措，着力构建“学校—学院—教研室”三级竞赛支持体系，聚焦课堂教学，助力青年教师成长发展。鲁东大学教务处田莉莉介绍说：“我们希望通过扎实的三级竞赛体系在学校掀起课堂教学上‘比、学、赶、帮、超’的热潮，把教学竞赛办成一项党政支持、学校认可、教师欢迎、社会关注的品牌项目。”

在鲁东大学，每一届三级教学观摩赛，都是奏响一次青春的“集结号”，往届获奖的优秀选手与新参赛选手互帮互助、互动互惠、互通有无，从而实现彼此的双向提升。正是这种日常培育与赛前集训两

手抓的坚持，才确保了后续省赛的扎实推进。

对一名教师而言，三尺讲台就是自己的第一"主场"，而如何"上好一门课"这一看似简单的问题，则承载着万千教育工作者的孜孜追求。作为高素质教师队伍的生力军，青年教师队伍的建设水平直接关乎着教育事业的发展前景，而青年教师参加教学竞赛便是综合培养和提高青年教师教学能力的一个重要途径。鲁东大学将进一步致力于通过教学竞赛提升广大青年教师教书育人水平，激励广大教师立足本职岗位，争创一流业绩，用实际行动彰显新时代人民教师风采。

以赛促教、以赛促建，这是三级竞赛体系的使命。

得遇良师、人生之幸，这是学生受益终生的财富。

铸魂育人、立德树人，这是优秀教师坚守的初心。

正如刘昕所说："只有把课本上冰冷的知识变成有温度的内容，才能让它们真正地走进学生心坎儿里去；而只有有温度的课堂，才是能让学生产生思维与情怀碰撞的地方。"

个人简介

刘昕，女，1988年出生，博士，古典文献学博士后，鲁东大学国际教育学院讲师。主要从事古代文学、中国文化研究。参与国家社科基金项目2项，主持省部级社科基金项目8项，在《社会科学战线》等期刊发表论文10余篇，被人大复印资料等全文转载。获山东省第八届高校青年教师教学比赛一等奖。全国大中专学生志愿者暑期"三下乡"优秀团队指导教师、山东省大学生社会实践活动优秀指导教师。

不忘初心　学无止境

薛众鑫

2014 年我成为了一名光荣的人民教师，那一年习总书记在第 30 个教师节的前夕提出了对一名好老师的要求：有理想信念、有道德情操、有扎实学识、有仁爱之心。从那时起，如何成为一名“四有”好老师就成了我的初心与梦想，时时刻刻激励着我不断前行。

幸运的我拥有了代表鲁东大学参加山东省高校青年教师教学比赛的机会。第七届省青教赛已经结束一年了，可此时此刻我内心仍然十分激动，比赛的各个过程历历在目，感慨万千，一路走来收获了太多，成长了太多。真诚的感谢山东省高等学校师资培训中心为我们青年教师提供了一个这样好的学习交流平台。

一、以赛促教，以赛促学，细致打磨，上好一堂课

作为一名青年教师，在第一次登上讲台的时候，对如何上好一堂课的认识并不十分清晰，总觉得把知识点讲明白，学生会做题就挺好。可慢慢地，在听课和教研活动中逐渐发现一堂好课的概念远不止于此。不同的引入、不同的问题设置、不同的教学设计可以让同样一节课焕发出不同的光彩。自己也开始尝试探索不同的教学手段，

学习先进的教学理念。这次比赛给了我一个仔细打磨20节好课的机会，这个过程无比艰辛也无比幸福，让我对如何上好一堂课有了更加深刻的认识。

首先，一堂好课除了要让学生“学会”，更要让学生“会学”。也就是学生除了收获学科知识和技能，更重要的是在学科思想和方法上有所收获，具有运用所学知识分析问题和解决问题的能力和素质。举个例子，在“电解质溶液的电导”这一节段中有一个电导池常数的概念，在通常的讲授过程中，这个概念直接给出，并没有特别的设计。而在备赛时经过仔细的推敲发现，这个常数的引入实际上是意义重大的，可以通过实验，借助已知量求取常数，进而求取未知量。这种学科思想在之前所学的内容中也有类似的案例。所以在最后的教学设计中，就以之前的经典案例做对比，设置层层递进的问题，让学生自主提出电导池常数的概念。在这个过程中既锻炼了学生举一反三的能力，又深化了学生对学科思想的理解和运用。

一堂好课中，学生可以独立或者合作完成具体的任务，有独立的思维空间和思维能力。学生是主动学习者，一堂好课应该给予学生分析预测、设计方案、动手实践、评价、质疑、表达观点的机会。在20个节段的设计中，我找寻一切机会扩大学生自主思维的空间。比如在“工业合成氨”这节课中，在课程的最开始，提出了一个小组讨论的问题：“假如你是合成氨反应的工业化设计师，你要考虑哪些问题?”给学生一个开放性问题，综合之前所学的知识畅所欲言。再通过老师的引导，将问题分类，梳理出主线，各个击破。每个节段中都有小组讨论或是个人思考问题的设置，这能凸显学生的主体地位，更能最大限度地让每一位同学参与到课堂教学中来。

一堂好课能让学生产生情感的共鸣，以学科知识为载体，立德树人，培养必备品格与价值观念。在一个个原理和公式的背后，有许多动人的故事，有求真求实的科学态度，有坚持不懈的科研精神，有挑战权威的勇气，有担负民族振兴的使命。这些都是培养学生人生观、世界观、价值观和科学观的宝贵财富，也是一个等待开发的巨大宝藏。在20个节段的设计中，我尝试进行挖掘，得到了意想不到的效果，这也给我今后的教学以启迪，研读科学史，关注科学背后的人文故事，将德育融入日常教学中。

二、以赛促改，以赛促升，提升自我，学无止境

在比赛中虽然教学节段只有短短的20分钟，却浓缩了每一位青年教师的智慧与心血、风格与特色。在与来自全省各地的优秀青年教师的切磋中，大家取长补短，共同进步。在比赛中对撞出的思维火花也成为了我课程改革与建设的灵感源泉。

在比赛中选手们将自己的科研成果与教学进行有机融合，取得了意想不到的教学效果。比如鲁东大学的李娟老师将自己关于新冠肺炎检测抽样的研究成果融入统计学教学中，山东大学的马丽老师将牙体贴面案例的研究成果融入牙体修补课程中，中国石油大学的孙建国老师将登山路径选择的研究成果融入方向导数的课程中，等等。

我从事的是物理化学领域中特殊浸润性功能界面材料的研究。在进行科研的过程中我也一直在思考如何利用科研成果服务课堂教学。在进行“具有超亲水/水下超疏油性质的高效油水分离网膜”这一课题的研究中，我调研和积累了大量具有特殊浸润性的生物表面案例以及仿生材料的制备案例。在“润湿作用”这节课的教学设计中，我将研究中的生物表面和仿生案例引入教学中，让学生们直观地感受到自然界中的润湿作用以及神奇的仿生材料，并在理论教学的基础上开发了制备仿生超疏水表面的实验课程，将理论教学与科学前沿相结合，取得了非常好的教学效果。在进行“弯曲液面附加压强”这节课的教学设计中，我查阅了大量的科学文献，将中国航空航天大学江雷院士和刘欢教授课题组对于毛笔的系列科研成果作为案例引入教学设计中。毛笔是中国人民伟大智慧的结晶，但对于其可控的液体输运性能却很少有人进行研究。江雷院士和刘欢教授课题组历经十余年的研究系统阐释了毛笔的输运原理，并以此为指导制备了可控的液体输运器件，制备了一系列纳米功能材料。我将这个由我们中国科学家自主研发的科研成果引入了教学中，当同学们用弯曲液面的附加压强算出毛笔的输运能力时都充满了成就感与民族自豪感，也对科学研究产生了浓厚的兴趣。在这些成功的尝试之后，我会进一步开展课堂教学改革，以科研为抓手，促进教学质量的提升。

此次比赛让我认识到了科研和教学上学术交流的重要性。赛后我积极参加物理化学教学研讨和科研会议，并与全国知名高校物理化学顶尖教师进行了交流和学习。其中，中国科学院理化技术研究所的江雷院士，清华大学的冯琳老师，北京航空航天大学的赵勇老师、王女老师，北京理工大学的马佳碧老师，河南大学的鞠婕老师都给我了很多的帮助和指导，在交流与探讨中也加深了我对物理化学这个学科的认识和理解。学生们都说比赛回来后的我讲课变了样，更丰富更精彩了，同学生们的喜爱给了我更大的动力。

在比赛的过程中我也明显看到了自身的缺陷和不足。潍坊学院吴瑜老师优美流畅的普通话、高娟娟老师激情洋溢的课堂氛围、李娟老师高超的教学基本功都是我学习和努力的方向。比赛之后我开始练习朗诵，锻炼自己的普通话水平和语言感染力。参与学校师范生的微格教学和教育实习的指导工作，和化学专业师范生一起备课、讲课、评课，帮助学生练习课堂教学的各项基本技能，努力帮助学生做好从学生到教师的角色转变，为学生的从业技能发展奠定了良好的基础。指导学生参加山东省师范类高校学生从业技能大赛、全国师范生化学教育教学能力测试大赛等各类教学比赛，在这个过程中我们互相学习，教学相长。同时，学习“化学教学论”“化学学习心理学”等课程，观摩优秀教师的教学案例，提升自己的教学水平。还有幸获得了在龙口第一中学与一线中学教师进行调研学习的机会，累计参与听课、讲课30余节。从一线中学化学教师身上我学到了很多宝贵的课堂教学经验，如何根据学情进行不同层次的教学设计、如何处理课堂的突发状况、如何与学生和家长沟通，这些都是对于我这个年轻教师来说不可多得的宝贵财富。教学基本功和教学能力的提升不是一朝一夕的事情，我会继续努力，不断进步。

感谢青教赛让我成长，让我收获，让我结识诸多志同道合的优秀青年教师。比赛已经结束，但是在教学路上新的征程才刚刚开始。教师是人类灵魂的工程师，是人类文明的传承者，承载着传播知识、传播思想、传播真理、塑造灵魂、塑造生命、塑造新人的时代重任。作为一名人民教师，我感到无比幸福与光荣，也感受到身上所肩负的历史使命。不忘初心，学无止境，吾志所向，一往无前。

个人简介

薛众鑫，女，1985年出生，博士，鲁东大学副教授、硕士生导师。主要从事功能界面材料研究。主持国家自然科学基金青年基金1项，山东省基金面上项目1项，在*Advanced Materials*等期刊发表SCI论文二十余篇，代表性文章被引用频次超过1800次，第一发明人授权国家发明专利4项。获山东省第七届“超星杯”高校教师教学比赛一等奖、山东省第六届“超星杯”高校教师教学比赛二等奖、山东省师范生从业技能大赛优秀指导教师、鲁东大学最美教师等荣誉称号。

参赛—成长—教学三位一体提升教学质量

徐光丽

2020 年 12 月至 2021 年 5 月，我参加了山东省第八届“超星杯”高校青年教师教学比赛，通过初赛、复赛、决赛，获得了一等奖，一路走来，收获很多。

以赛促教收获篇

参加本届比赛对我个人的教学能力提升起到了很大的促进作用，主要体现为以下几个方面。

一、教学理念的总结和更新

（一）原有教学理念的总结和深化

一门优秀课程其教学理念首先应该是符合时代的发展需求，符合人才培养要求，能够在符合教育理论的基础上体现时代感和领先性。在日常的教学中，我们常常关注于某一堂课某一个内容的教学设计，但是缺少对教学理念时时的思索和适用的新教学理念的引入。

但是比赛促使我们开始对这些内容进行深入的思索。目前比较主流的教学理念是“以学生为中心，教师起引导作用”，这种理念重视和体现学生的主体作用，同时又不忽视教师的主导作用，虽然在日常教学中我们也使用这一理念作为指导，但常常是讲着讲着就又回到了“以教师教学为中心”，忽略了学生的学习情况，而在备赛的过程中，针对每一教学节段我都必须精心设计教学来体现“以学生学习为中心”理念，将这一理念进行了深刻体现。

（二）新的教学理念的引入和融合

习近平总书记指出，高校立身之本在于立德树人。高校必须以立德树人为根本，要将立德树人作为新时代高等教育综合改革的出发点、立足点，积极培养德才兼备、全面发展的高思想水平、高政治觉悟、高道德品质、高文化素养的优秀人才。同时，他在全国高校思想政治工作会议上强调，要做好高校思想政治工作，要全面加强课程和专业思政建设，强化每位教师立德树人意识，把思想政治教育有机融入每门课程。

2018 年 6 月 21 日，教育部长陈宝生在新时代全国高等学校本科教育工作会议上指出：对大学生要合理“增负”，提升大学生的学业挑战度，合理增加课程难度、拓展课程深度、扩大课程的可选择性，激发学生的学习动力和专业志趣，真正把“水课”变成有深度、有难度、有挑战度的“金课”。高等教育司司长吴岩提出了课程应具有“两性一度”即高阶性、创新性、挑战度的金课标准。

备赛过程中，面对这些新的教育理念，我深入进行了学习，并且将其和原有的教学理念相结合，实行了“以学生为主体，教师为引导，以教学内容作为主线，培养学生的数学思维、数学应用能力，并且注重对学生的思想道德引领”的教学理念，将其融入每个教学节段中，后续又拓展到整个日常教学中。

二、教学内容的深化和拓展

我参赛的课程“高等数学”是一门面向全校理工类学生的公共基础课。这门课我已教了好几遍，自我感觉对于教学内容已经比较熟悉，但是通过准备比赛，我发现自己还有很多不足之处。为了比赛时的教学更加精彩，更能讲深、讲透、吸引人，我翻阅了很多不同版本的教材，以及数学史、数学应用案例、微积分科普等大量书籍，在学生培养要求范围内将教学内容的深度和广度等方面都进行了拓展；联系实际生活改编了教材上的例题；将以往的单纯按照教材内容顺序组织讲授，改成了先由实际应用提出问题，以解决问题的思路带领学生进行主要教学内容探索，随后再解决实际问题的“以教学内容为主线，由生活实际中来，到生活实际应用中去”的教学模式，让学生真正做到学以致用。大量的阅读和思考使得我对教学内容的理解和把握又有了极大的提高，并融入我的日常教学中，极大提高了学生的学习兴趣和学习效率，也提高了课程的“两性一度”。

三、教学理论应用精准得法

教学理论是教学实践的基础和指导，但是我们在日常的教学中对教学理论的理解和掌握常常是东鳞西爪。为了筹备本次比赛，我对数学相关的教学论、课程论、教学设计以及案例等进行了系统的学习和研究。在此过程中，我发现教学中较为有效的一些授课方式都是有教学理论支撑的，都可以找到其专业的实施方案，在后续教学工作中可以根据理论结合具体课题进一步加以改善。教育理论的系统学习使得我对一门课程该如何进行教学设计，每个环节应该怎么设置，为何这样设置，如何环环相扣，由浅入深地铺开内容、突破难点、抓住重点，从整体上有了更好的把握，在细节上有了更多的处理打磨方式，让之前教学中疑惑的地方豁然开朗，在教学中更加得心应手。

四、教学改革实践踏实落地

在日常的教学中，对教学理论、教学理念的改革常常限于浅显了解的层面，在教学实践中有应用但不足。但是在比赛的筹备中，我对这些理论和理念有了更深入的理解，并且切实在教学中加以体现。按照比赛规定，复赛和决赛需要准备课程的20个节段，还有其对应一节课的教学设计，教学节段的选取要覆盖每一章，也尽可能地拓展到了每一节，而每一个节段抽到的可能性是相同的，因此所有内容都要精心设计、精彩演绎，都要将新的教学理念加以体现，都要将新的教学改革内容落到实处。这就将教学改革的具体实践落实到了这一门课的整体或是主干部分，经过这一过程的探索和实践，教师们对于这些教学改革的实践方式已经能够熟练掌握，推广应用到本门课程的其他章节或是其他课程也就是顺理成章的事情了。经过这样一个比赛锤炼和后续建设过程，就使得教学改革先进理念和先进成果真正就被应用实践在了课程教学中。

山东省第八届“超星杯”高校青年教师教学比赛以“围绕立德树人根本任务，以加强师德师风建设、锤炼高校青年教师教学基本功为着力点”。我切实感觉到在参加比赛的这半年时间里，在这些方面确实有了很大的提高，以赛促教的效果十分明显，本次比赛不论是内容设置还是流程安排，都切实起到了全面深化新时代全省教师队伍建设的作用，达成了初始的设置目标。

经验总结篇

针对参赛经历，我个人也有一些经验想要与大家进行分享。我认为，作为一名教师，不论是日常教学还是准备参加比赛，都可以通过以下方面不断提高自己。

一、扎实提高教学基本功

行为举止大方得体，授课具有亲和力，普通话标准、流畅，语言表达准确、简洁，板书字体美观、漂亮，板书布局设计合理美观、精炼、对教学内容具有较好的辅助效果，都是一个教师的基本素养，也是作为优秀教师的基本前提，在教学比赛中这也是十分重要的加分项。虽然这些方面都是短期能够提高的，但是只有长期练习才能达到较为完美的水平，所以建议大家在日常中注意坚持在这些方面的努力完善。

二、学习教学理论，关注新的教学理念

如前面所说，教学理论的学习能够加深我们对教育现象的认识，让我们认清教育与社会、教师与学生、知识教育与能力培养等各种基本关系，能指导我们更好地进行教学设计和教学实践；对教学新理念的关注和在教学中的融入能够使我们更好地适应时代的发展，培养真正适应国家、社会需求的优秀人才。所以，我们在教学当中应当多进行教育理论的学习，同时还要多关注新的教学理念，并在适用的前提下融入自己的教学当中。

三、提高信息化教学水平

信息技术的飞速发展使得互联网和各种电子设备已经融入我们生活中的各个方面，这些信息化手段能够大大提高我们的教学效率和教学效果，可以帮助我们落实以学生为中心的教育理念，采用更加科学的教学模式和方对学生进行引导启发。因此，作为新时代的教师，应该能够熟练运用信息化教学手段组织和进行教学活动。

四、多听课

优秀教师的引领示范作用是十分显著的。我们在教学中遇到的

不知如何向学生讲解传授、如何使学生学会贯通、如何使学生扎实掌握知识等教学上的问题，都可以通过多和老教师进行交流，通过多听课来进行完善。不管是青年教师还是有资历的教师，在听课的过程中都可以有所收获，尤其是带着思考去听那些优秀的示范课例，通过学习对方的课堂组织方法、内容设计技巧、语言引导方式等可以很快地提高自己的教学水平。国家青教赛软件上近几届获奖选手的教学视频、山东省高等学校师资培训中心网站上展示的历届省赛获奖选手的教学视频和相关资料都是极为宝贵的精品材料，都是我们日常教学或是备赛期间可以多次观看、汲取经验的丰富资源。其他一些网站也有一些各类公开课的资料，以及身边老教师的授课也值得我们多听听、多看看。

如果能够获得之前的获奖选手或是优秀教师的亲身指导，通过思索，融入自身的教学实践，教学能力将会更快获得提高。

五、勤思考、多磨课

只有多多思考、多多打磨才能将一节课设计得较为合理，而每一节课上完我们都能够有新的体会和感悟，通过进一步的反思和打磨能够将课程设计得更加完美。所以在教学中我们也应该勤于思考，多磨课。思考学生的培养要求，思考学生的新特点，思考教学内容设置，思考重难点的重是什么、难在哪里、如何突破，思考如何艺术性地、由浅入深地引导，如何让学生愿意随着我们的引导进行思索……通过思索做好教学设计，还要再通过具体的授课过程体会感悟设计的合理之处和需要修改的地方，进一步对教学设计进行修改完善，通过这样的一轮轮改进，能够更有效提升课堂教学水平。

在参加比赛的过程中，我获得了学校、院系领导和许多老师的帮助和指导，他们从生活、工作以及参赛内容筹备、教学能力提升等多方面对我提供了无私的关怀和指导，我的成绩当中也蕴含着他们的努力和汗水。在此，我要感谢他们的辛勤付出。在比赛过程中我们也能够感受到高师培训中心及比赛评委和工作人员的辛勤和努力，在此也向他们致以深深的感谢。

最后，预祝今后的比赛越办越好，教师们的教学水平越来越高！

个人简介

徐光丽，女，1981年出生，博士，泰山学院副教授。主要从事经济数学研究。曾获山东省第八届“超星杯”高校青年教师教学比赛一等奖，山东省第三届青年教师教学竞赛二等奖，山东省高校青年教师多媒体教学课件竞赛一等奖，全国首届高校数学微课程教学设计竞赛全国一等奖、精英赛国家铜奖，山东省第二届本科高校教师微课教学比赛三等奖，泰山学院“最受学生欢迎的十佳教师”“优秀班主任”“最美教师”等荣誉称号。

蜕变成长，不虚此赛

张　群

一、从"金教鞭"大赛学会选取教学内容

早在刚成为高校教师的时候，我参加了全国范围的艺术设计领域的"金教鞭"青年教师讲课比赛。虽然当时毫无参赛经验，教学经验也不足，但是真正做到了以赛促教。经过比赛，我这个新手迅速提升为青年骨干教师。

在教学内容选取方面，我借阅多本相关教材，在不同的教材中提取有关知识点的内容，经过比对发现了一个知识点的多种角度理解，这种方法增加了我教学内容的翔实度。但是，教材有多种，要根据本专业学生的学情进行取舍。例如，对于高职学生来说，如果理论深度过深，学生理解起来比较困难，知识就浮在表面。

此外，教材中的相关实践作业也扩展了我的思维，想要真正地做到让学生"在学中做，在做中学"，就要将理论知识融进小项目里，还需要由简入繁，由小项目过渡到大项目。这样，学生比较容易上手。

总之，对于新教师来说，广泛地阅读教材并做比较分析，能快速地帮助教师建立教学内容体系，拓展教学内容的广度、挖取教学内容

的深度。这对以后教师的成长大有裨益。

二、从青教赛学会教学设计

2021 年，我有幸参加了山东省第八届青教赛。整个赛程，让我感觉经历了一次“炼狱”，炼的是全身心投入和付出的心志，炼的是教学理念和教学内容的革新，炼的是长时间浸泡在一件事里的钻研。经过青教赛的历练，现在上课时会更多地思考如何在课堂教学中实现自己的教学理念，让学生们有参与、有收获、有启发。

在备赛的过程中，依据赛事的评分质量，深挖课程内容，打磨精品课件。在此过程中，我学习了很多教材和慕课课程，把一个知识点理解透、挖掘透，做到全面、深入地进行教学内容组织。经过比赛，我更新了教学内容，革新了教学方法，确保了教学内容的科学性，并注意区分教学的重点和难点。在实际的授课中，提升了以学生为中心的教学理念。

再就是注重教学方法的合理性，综合运用启发式教学等多种教学组织方法和形式，开展有效的师生互动，提高课堂教学质量。对于学生来说，知识的接受，不仅是一个过程，而且是一个情感体验、感悟的过程，这就需要教师的引导，引导学生学会自主、学会认识、学会体验。例如任务驱动法、问题法、对比法、案例分析法等等，都能更好地应用在教学当中，启发学生的思考。

青教赛以赛促教，对教师的成长发挥了很大的作用。我想，每一位参加的老师，都不会后悔当初参赛的决定。人需要被推动才能发挥自己的潜力，在有压力的境遇中才能创造精彩的作品。玉不琢，不成器，打磨课件的同时，也是在打磨自己。

三、从课程建设会教学呈现

教师在课堂中讲得好，还不够，还需要注重教态、仪表，还需要使学生在课下及时回顾课堂内容，还需要应战疫情带给教师教学方式的挑战。做课程资源建设和慕课建设，就弥补了这些环节。

在教学内容和教学设计优化的情况下，学着做课程录像、做脚本、做动画，以视频的方式留下生动的课程资料，使学生随时随地用手机就能温习知识点。直面“互联网＋”大数据时代对高等教育提出的挑战，要注重引领学生将碎片化的信息转化为系统化的知识。在课前能运用职教云平台提出预习任务、了解学生的薄弱环节，在课中运用慕课平台进行授课，课后运用职教云及时反馈学生作业中出现的问题，使学生将碎片化的信息转化为系统化的知识。

四、总结

教师成长之路是循序渐进的，只有通过一个又一个磨炼才能逐渐成长。在成长过程中，或许没有骄人的成绩，但所有的经历经过岁月的沉淀，都会带来潜移默化的提升。

在这条路上，我慢慢对教学有了重新的思考和认识。优秀课堂教学有四条标准：教师能否让学生知晓科学的真谛，能否让学生产生学术的质疑，能否诱导学生对课堂的期待，能否提升求知者思辩的能力。这同时也让我反思在教学中遇到的问题，让我在教学中时刻扪心自问：以上四个“能否”真的做到了吗？教无定法，但教必有法，需因材施教，需遵循高等教育教学规律；教需学法，青年教师要趁早加强学习和进行相关教学教育培训；教于得法，才能形成独具魅力的教学特色。

在这条路上，也会经历工作和家庭的揪心平衡，经历心理和身体上的熬炼。特别是作为一个女性教师，是教师同时也是母亲。为了平衡工作与家庭，通常是在夜里哄孩子睡着后才能静静地加班工作。日积月累，身体会吃不消，但也要尽力坚持。在陪伴孩子的时候，脑海里会一直不自觉地在思考这个知识点怎么讲，采用哪个案例会比较合适，真渴望能不被打断地把 PPT 做完……若没有家人的理解和帮助，我的教师成长之路会更加漫长和坎坷。

因此，教师更需要在年轻的阶段心无旁骛地磨练自己，让教师成长之路尽快启程！教师职业是教学相长、相得益彰的职业，我们不但从中历练，更会从中受益！

个人简介

张群，女，1983年出生，硕士，山东商业职业技术学院讲师。主要从事环境艺术设计研究。在《艺术与设计》发表论文多篇。获得山东省第八届高校青年教师教学比赛二等奖，山东省高校第五届美术与设计师生基本功大赛二等奖。

磨砻砥砺　花自盛开

李洪亮

泰戈尔在《飞鸟集》里写道："只有经过地狱般的磨炼，才能创造出天堂的力量；只有流过血的手指，才能弹出世间的绝唱。"

这个世界最大的公平，就在于你所得到的和你所付出的一定是成正比的。很多事情，努力了不一定有结果，但不努力永远不会有结果。在我的职业生涯中，参加山东省青教赛就是其中一件。认准了，就去认真做，跟心走，无问西东。

仍然清楚地记得，接到青教赛通知时激动、兴奋、犹豫、焦虑的复杂心情。激动与兴奋的是能够有幸参赛，说明自己的教学能力得到了一定程度的认可；犹豫与焦虑是因为时间紧张，除了每周要上14～16节课，还有相关的科研课题任务。因此，曾在心里反复问自己："还有精力去准备教学竞赛吗？取不到理想成绩，会不会给学校丢脸？"

就在我迟疑不决时，学校的领导、同事给予了我极大的鼓励，"放下顾虑，大胆去拼，放手去做，参加教学竞赛是一次历练，结果并不是最重要的，重要的是在这个过程中能够更好地提升教育教学能力，得到锻炼和成长。参赛，心态是最重要的"，这正是我较为完美地坚持完省赛的信念本源。

没有了思想上的顾虑，剩下的便是全力以赴地投入比赛。如今，比赛结束，回首走过的这段路，最想说的是感谢与感恩。感谢学校给予的机会，感谢领导及同仁在我参赛最困难时给予的无私指导、关心和帮助；感恩省高师中心精心组织的比赛，为我们青年教师搭建了一个相互学习、共同进步的平台，使我们能在比赛中展示自己的教学能力，并不断提高自己的师德、师术和师艺。

这一路走来，可用“数字”“心路”“磨学”这三个关键词来总结参加青教赛的经历与感受。

关键词一：数字

319 天，6 轮次，20 分钟，20 个课件，20 个教学设计，20 个板书设计，20 个教学反思，800 多页 A4 草稿纸……

319 天，6 轮次，相比高考，这次青教赛真的算是经历了人生的又一次“大考”。潍坊学院重视青年教师队伍建设，多措并举提升青年教师教学能力，此次省赛举办前期恰逢潍坊学院第八届青年教师教学比赛，学校与各二级学院都极为重视此次教学竞赛，我也有幸参与其中。从 2020 年 7 月 16 日，我所在学院举办讲课比赛开始，至 2021 年 5 月 30 日上午 8:24 分走出比赛教室（山大信息楼 502）的那一刻，整整历时 319 天，共 6 轮次（学校初赛、复赛、决赛，省赛初赛、复赛、决赛）。

学校教学竞赛采用与省赛和国赛接轨的新赛制，分初赛、复赛和决赛三个阶段进行，20 分钟，20 个课件，20 个教学设计，20 个板书设计，20 个教学反思。5 个 20，看似简单的数字，蕴含的寓意以及承载的期望远远超乎想象。

800 多页 A4 草稿纸：每个课件讲稿的推敲、逻辑的理顺和板书的梳理都是循环往复的过程。每个 20 分钟的节段，按教学节奏需要 4000 字的讲稿，至少要准备 7000 字左右，并在此基础上不断删减、优化、调整……

关键词二：心路

“凡后生美质，须令晦养厚积。天道不翕聚，则不能发散，况人乎？”“博观而约取，厚积而薄发。”参加青教赛的过程，不仅仅是教学能力提升的过程，更是磨练心智的过程。

319 天，6 轮次，20 分钟……简单的数字背后，伴随的是心情的跌宕起伏——激动、惊喜、紧张、期盼、焦虑……

（一）学院初赛的激动

自执教以来，我多次在学院参加讲课比赛，还清晰记得 2020 年 7 月 16 日第一次获得学院比赛第一名的成绩时内心的激动，因为那是在教学、专业等方面得到了学院各位领导及同事认同的体现，也正因如此，我更加坚定了后面参赛的信心。

（二）学校复赛的惊喜

能够有幸代表学院参加学校青年教师课堂教学比赛，自己内心是努力想要做好并且渴望进入复赛的。因为疫情，本次讲课采用录课的方式进行，即像往常一样上课，同时进行录像，之后提交相关参赛资料。2020 年 10 月 29 日，在紧张与期待中，收到了进入决赛的惊喜。

（三）学校决赛的紧张

2020 年 11 月 26 日，学校第八届青年教师课堂教学比赛采用现场方式进行。偌大的报告厅里，台上是激烈的竞争对手，台下是由国赛获奖选手、各级别教学名师组成的评委团，以及校各级部门领导，历届省青教赛一、二等奖获奖选手，全校青年教师，等等，现场一度被紧张、严肃的氛围笼罩着。

从上台前的紧张不安到开讲后的精神高度集中，慢慢进入状态，以相对完美的方式按照相关要求完成了比赛，最后荣获校青年教师讲课竞赛一等奖，同时获得代表学校参加省赛的资格。现在回想，在学校决赛里脱颖而出的关键就是心态从紧张到沉着的转变。

（四）省教学初赛的期盼

省教赛初赛采用录播方式，心态较为平静，按照相关要求提交教学设计、录制教学课堂视频，于2021年1月28日收到入围复赛的通知，带着些许期盼开始了新的竞赛历程。

（五）省教学复赛的焦虑

自收到进入复赛通知开始至复赛近三个月的时间，与20个课件和教学设计展开了“殊死搏斗”。

在此阶段，集中精力查阅、补充与城市园林绿地系统规划相关的国家精品课程、前沿信息，不断学习观摩历届全国及山东省青教赛一等奖选手比赛视频。那段时间的知识补充和学习使得自己的教学课程内容不断完善，授课语言更加精炼，同时也从优秀的教师身上学会了如何更好地把握课程节奏、板书设计、课堂互动及信息化技术手段的应用。

20个节段的梳理：课程框架的优化，各节段知识点提取、应用表达、结构理顺、前沿知识融入、思政点的优化，是为了让知识点逻辑性更强……

20个讲稿的梳理、删减、优化、背诵，再梳理、再优化、再背诵，是为了让课程讲述更顺畅……

20个教学节段的板书设计，是为了将知识结构与核心更清晰地呈现……

20个教学设计的设计，20个节段不断的试讲练习，20分钟的时间控制……

前面提到学校重视青年教师队伍建设，多措并举提升青年教师教学能力，基于此，学校成立了以教务处为核心的教学督导小组，并邀请学校的省赛评委、省级及国家级教学名师、国赛获奖选手、省赛各学科一等奖获得者等，实行多层次全方位的督导听课，优化教学内容，提高授课水平。

优化、优化、再优化……这是一个循环往复的过程。练习——调整——优化——练习——优化——再调整——再优化，由开始的信心满满，到烦躁不安，再到怀疑自己，情绪、心态反复无常。在各位领导和同事的鼓励与支持下，坚持到了复赛。在复赛前，充分体会到了“勤能补拙”的含义，于复赛前对20个节段完成10轮次试讲，2021年4月24日下午，在烟台大学第5顺序讲述了第5节段，有幸进入决赛。

（六）省教学决赛的坚持

自复赛公布结果至决赛，仅余一个月多一点的时间。经历了前几轮的比赛，心智变得更加成熟，也更加明白接下来的竞争对手都是各高校的青年翘楚，激烈程度可想而知。没有其他路可以选择，唯有更加努力，才能更加优秀。此阶段比的不仅仅是讲课内容、课堂掌控、教学教态，更多的是对体力与精神的煎熬。也曾有过想赢怕输的想法，有过想要放弃的念头，但更多的是“自古华山一条路，唯有攀登至巅峰”的信念，更重要的是有付诸行动的努力。这期间，早上7点30分之前必须到达试讲教室，以比赛的形式练习，进行随机抽签，稍作准备，然后录音、录像，注意时间的把控，并且把不足之处及时调整优化，等等。于决赛前，在复赛基础上完成了20个课件的优化提升，并再次完成了10轮次的试讲练习，在山东大学于2021年5月30日上午第1顺序讲述了第2节段，荣获一等奖。

经历这次参赛，我懂得了“毛竹效应”的深刻本质。毛竹在栽种后最初的三五年里，你根本看不到它的生长。可是，就在三五年之后，它就像被施了魔法，在半年时间里蹿到30多米。竹子之所以有三五年不长，是因为这段时间它的根部在地底下疯长——长得既深且广。“深”指的是根部越扎越深，如果遇到石头，毛竹的根部还会穿进石缝，并在生长过程中把石头撑爆；“广”指根系可以铺开方圆好几平方公里，轻而易举地获取自己想要的营养和水分。即使在贫瘠的土地上，也很少见到枯死的竹子，原因就在这里。参加青教赛亦是如此，不要担心付出得不到回报，因为这些付出都是在扎根。人生需要储备！这么充分的准备、这么强大的根系，才造就了令人惊叹的奇迹！毛竹告诉我，什么叫坚韧，青教赛告诉我，什么叫坚持！

关键词三：磨学

（一）教学方法和策略

充分运用信息化的教学技术手段，通过课前学习资料的发送、课中互动交流答疑、课后实践题目的指导等，实现了全过程的辅助交流学习。

在具体教学方法上，因课程内容决定，采用案例教学法、启发式教学法等较为直观的教学方法。如比赛所讲第2节段“城市园林绿地的生态功能”，以当前园林景观由单一功能向多元功能转变为切入点，再通过对功能转变过程中出现的“求快、求大、生态缺失”等一系列问题的分析，得出“城市绿地的生态功能对于城市的重要意义”，通过身边生活素材，场景化教学，触发学生的思维，让学生带着任务和思考参与课堂。然后抛出问题：“如何营造富有生态特色的景观空间？”明确课程目标，通过多媒体展示本节学习任务，设问启下，紧扣主题。以实际案例为素材，通过案例的背景、问题与策略解析，生态功能表达应用及设计实践进行方案的全过程设计，引导学生学会理论知识在实际方案中的应用。中间穿插学科趣闻与专业热点，引导学生关注学科前沿与政策导向等，易于学生理解掌握知识要点，激发其学习积极性，达到预定的知识目标和能力目标。通过对城市绿地生态功能元素的表达和应用，引导学生爱护环境，培养学生良好的专业使命感的情感目标等。通过不同教学方法和策略的穿插应用，让学生真正地融入课程教学中，提高学生学习的积极性，使学生真正成为课堂的中心。

（二）教学板书

无论是平时上课还是教学比赛，板书都是课程内容的核心，既反映了教材内容的实质，又服务于教学方法的改革。如所讲第2节段，通过社会现象引出问题：“城市生态仅仅是绿化？”通过不同生活案例解析，引出城市生态是“多元统筹”的设计过程，是统筹了动物、植物、微生物以及环境多重元素的综合体，由绿化向生态空间，是一个可持续发展的过程。板书是在周密的计划基础上，集高度的概括性、鲜明的目的性、明确的针对性、清晰的条理性于一体，能直观、简练、系统地体现教学内容和教学意图，以清晰的视觉符号启迪学生思维，提供记忆的框架结构，突出重点难点，帮助实现教学目的，形成知识结构，增强教学效果，易于巩固记忆。

（三）教学技巧与课堂表现

一节课，犹如一本书、一部电影、一场话剧，教师是导演，学生是主演，导演要统筹全局，将课堂启承转折合的故事主线设计完美，主演将其完美演绎并呈现出来，课堂需要导演，更需要主演，每一节课，皆需倾力演出。

“上好课”是一门艺术，是需要花力气、费心思的工作。大到课前准备、教学设计、教学方法等环节，小到课堂问题设置、仪态仪表、语速语调、举手投足、板书等细节，无不需要投入巨大热情，进行大量细致的工作。在教学过程中，不断学习和探索，不断摸索出适合自己的教学技巧，使自身的教学业务能力得到很大的锻炼，提高了对“上课”的思想认识。正因如此，“把课上好”也是一名教师最基本的职业操守和职业自尊。通过参加比赛，逐渐改正以往工作中方方面面的问题，在平时上课时也按照比赛一样要求自己，注意点滴的积累。

（四）理论结合实际

知识最终要学以致用，因课程性质属于实践性学科，需要结合各章节的实际情况，收集相关的实际案例融入课堂中。如第 2 节段“城市园林绿地的生态功能”，看似是一个微观概念，离我们很遥远，然而通过将生活中简单常见的植物遮阴、挡风，搬新家添置绿萝植物吸收甲醛净化空气等实例引入课堂，不仅能引起学生学习兴趣，还能引导学生联系个人实际生活中的所遇所感，启发学生对专业的认知及相关知识点的实践应用。结尾部分，借 2021 年甘肃阳关镇毁林种葡萄热点事件，提出问题："同样是防护林中的绿植，为什么种树可以，种葡萄就不行？"继而展开讨论，深刻分析防护林绿地对于生态修复的重要性，激发学生作为新时代设计工作者的责任感和使命感。最后布置一个实践调研型作业，通过所学分析探讨："生态设计，只是绿化越多越好吗？"利用雨课堂信息平台及时讨论交流，并得出结论，真正地实现理论联系实际，将专业知识写在大地上，推动专业理论不断提升。

教学是不断发展与创新的过程，核心是结合相关专业前沿知识，与生活实际进行密切衔接，用知识指导实践，用实践提升知识的创新学习过程。

（五）教学反思

青教赛的准备过程，实际上是磨课学习的过程，要十二分努力地认真研读教学大纲，寻找教学素材，耐心准备学生探究活动，细心选择恰当的教学方法，精心设计教学环节，哪怕是每个细小的过渡环节都要经过反复斟酌思量，这是对课程的再梳理、再优化、再升华。以课本和教学大纲为基本，结合专业前沿成果、国家最新政策法规，理论联系实际，进行不断的调整，尽量做到以教师为主导，以学生为主体，使原本枯燥的内容变得更生动、更贴近实际。

经历了这次历程极长的教学大赛后，不知不觉中，我的教学视线得到延伸，视野得以拓宽，心理素质也进一步增强。更重要的是，教育视点也由此得到了较大提升。我深知在教学上还存在很多不足之处，同行的许多地方都值得去学习借鉴，同时也需要不断刻苦钻研业务，让自己的专业知识更加扎实。

最后，请让我以三个"深深体会到"作总结。通过青教赛，我深深地体会到，只有在努力进取中才能发展，成功其实就是自己打磨自己，自己超越自己，而信念的坚持则是核心，要明确自己在做什么、自己要做什么、自己如何去做，学会取舍，定好目标；还深深体会到团队合作的重要性，得以参加青教赛、得以获奖都离不开学校各级领导的不断鞭策、鼓励与支持以及各种后勤支撑保障，离不开同仁在讲课技巧、教学设计上的不断引导等等，明白了一个人只有在相互学习、相互关心、相互帮助的和谐团队中，才能取得更好的成绩；更深深地体会到，一名优秀的教师不在于他教了多少年的书，而在于他用心教了多少年的书。

个人简介

季洪亮，男，1985 年 7 月生，硕士，潍坊学院园林专业教师。主要从事风景园林规划设计方面的教学、科研、实践工作。主持山东省自然科学基金一项（2014）；潍坊市科技发展计划两项（2013、2015）；出版专著一部（2019）；在《中国高等教育》等期刊发表论文 10 余篇；获批专利、软著十余项；获山东省第八届高校青年教师教学比赛一等奖（2021）一项、山东省本科高校教师微课教学比赛二等奖（2015）一项；潍坊学院青年教师讲课比赛一等奖一等（2020）；潍坊学院“优青计划”支持人选（2015～2020），2019 年于台湾中原大学访学研修景观设计。

仰望星空，脚踏实地，追求人生三境界

——关于参加山东省第八届青教赛的感悟

侯环环

人生中总有那么一次仅有的宝贵际遇，让我们用整个后半生去感激。山东省第八届青教赛就在我的人生中姗姗而来，提升了我的认知水准，超脱了我的人生境界。正如王国维在《人间词话》中谈到的“人生三境界”：“昨夜西风凋碧树，独上高楼，望尽天涯路”；“衣带渐宽终不悔，为伊消得人憔悴”；“众里寻他千百度。蓦然回首，那人却在，灯火阑珊处”。参加本次比赛让我对“人生三境界”有了新的认知，这何止是一场教学比赛，更是一场脱胎换骨的人生修行。

第一境界：“昨夜西风凋碧树，独上高楼，望尽天涯路。”这是人生的“立”，正如我从事教师这一职业，从一开始就树立了一个教书育人、传道授业解惑的目标，而本次有幸参加了这样一个高水准的教学比赛，内心更是充满了期待、惊喜和紧张。参赛全过程积极、精心、全身心地投入，期待通过本次比赛历练自己的身心、技能、专业度。我认为，比赛获奖并不是我的最终目标，而是通过这个比赛提升自己的教学水平，通过一次又一次的备赛与参赛，享受比赛的过程，体验比赛带给我的乐趣、喜悦和进步，此谓之第一境界，“立”下目标。

第二境界："衣带渐宽终不悔，为伊消得人憔悴。"在平时紧张而又忙碌的教学工作中，我始终秉持初心，以一名合格的教师来要求自己，力求做到优秀，挑战卓越。但平时找不到合适的机会快速提升自己，总感觉有所不足。而这次比赛恰恰是一个绝佳的机会，尽管只有两三个月的备赛时间，但是准备的这段时间对我的成长可以说是一日千里，特别是在复赛准备的过程中，我克服了以往种种不足，在专业方面、生活方面和心态方面都获得了极大的提升。在专业上，为了准备好 20 个教学节段的设计，我用心阅读了大量相关的中外文献资料，不但包括教学方法、教学理念、教学过程的设计，而且还涵盖了教学内容方面的创新设计，较以往日常教学都有了突出的改进。例如，在每一个教学节段中润物无声地嵌入了思政元素，使课程设计焕然一新，寓"育人"于无形，无形地表达"育人"的宗旨和理念。在 PPT 的制作中，为了使课件更好地辅助教学，自学了视频剪辑、音频剪辑和动画制作等技术，使课件清晰明了而又不失生动活泼，大大地提高了趣味性和吸引力。制作这 20 个教学节段的设计，提升了我的思考力、逻辑力、表达力、渲染力和互动能力。我至今还记得，为了找到一曲和诗歌主题吻合的音乐，我用一上午的时间听了十几曲音乐，读了数十篇歌词，终于找到一曲与主题契合的音乐。为了引用中国古典文学作品中的诗词故事与西方文学进行比较，从先秦文学《诗经》开始，一直查阅到清朝数十部文学作品，既要寻找与诗人具有相似命运的作者，又要寻找与诗人作品在主题和思想方面吻合的作品。试着把自己带入诗人所处的年代，有时我的思想驰骋在诗人华兹华斯的田园之中，仿佛闻到了田园的花香，有时我的思绪又随着诗人济慈进入秋的美景当中，仿佛看到了在田间劳作的农民，又看到了果实挂满枝头。当读到布朗宁的《海外思乡》之时，我又沉浸在淡淡的乡愁之中，每天与不同时代的诗人巨匠对话，仿佛他们一个个都站在我的对面，我想他们所想，思他们所思，被他们的身世、感情感动，被他们作品的真挚打动，有时恨不得走到他们的身边听他们诉说衷情。尤其是读到叶芝所写的《当你老了》，我不禁潸然泪下，爱一个人可以爱得如此深情，如此绵长，如此奋不顾身。在一天天的备赛过程中，初期我体会的是枯燥的重复，当渐入佳境之时，我的身心完全沉浸在课程之中、诗歌之中，故事之中、没有丝毫疲惫，反而精力越来越充沛，有时坐在电脑前，几个小时仿佛只有几分钟，也许这就是心理学所谓的心流体验吧。

在生活上，为了高效完成教学设计的撰写、课件的制作与教学的练习，严于律己、提前规划，调整生物钟，以服务备赛为主线，与家人进行深入沟通，希望家人予以配合和支持，自律和专注的能力得到很大的提升，更好地完成了备赛任务。在心态上，一开始心态不好，计划无法有效执行，但经过调整克服急躁情绪，戒骄戒躁，重新制订了合理的计划，对每一个教学节段进行一次又一次的打磨与练习，看着自己的作品从无到有，从有到优，从忐忑不安到心态平和，心态得到历练，更加趋于稳定，让我修炼了一颗自信、坚韧的心，可以轻松地站在复赛与决赛的讲台上呈现自己的课堂。提到这一点，我特别要感谢家人，20 个课程，每一堂课都提前进行演练，对着家人讲课，把他们当作听课的学生，讲完之后让他们给我提建议，从语言表达、表情管理到课件内容逻辑性都一遍又一遍地演练，力求达到时间把控和课程内容完美结合。

第三境界："众里寻他千百度。蓦然回首，那人却在，灯火阑珊处。"付出不一定有收获，但不付出一定不会有收获，通过用心的准备和努力，幸运地进入复赛与决赛。通过二级学院选拔赛、校级选拔赛、省级初赛、省级复赛、省级决赛等一系列比赛，对未来要走的路越发地感到清晰，主要围绕教学、科研、师德育人三个方面。第一，在教学方面，尤其是在课堂设计中，要增强授课的逻辑性，遵循"起承转合"的逻辑，吸引学生融入其中。另外特别要加强师生之间的互动，教师力求把知识以打动人心的方式呈现出来，内容既要理性，又要感性，兼顾知识性和趣味性，使课堂更加生动活泼。第二，在科研方面，由于本次课程设计内容主要围绕英美文学的教学和研究展开，因此通过本次教学设计，以英美文学作品作为授课素材的同时，又大量引用了中国古代优秀文学作品做对比，通过对比，我对比较文学产生了浓厚的兴趣，发现中西方文人的思想差异，以及中西方文学作品在表现手法、抒情、叙事上的特点。基于此，更坚定了我对比较文学的研究方向，尤其是中西方诗歌的比较研究。第三，这次比赛的准备使我对“师德与育人”的理解更加深刻。育人要先育己，作为一名大学教师，要做学生的“大先生”——笃信、求真、向善、臻美。先育己，学高为师，身正为范。育人要融入每一节课堂中，虽然我教授的是西方文学，但在授课过程中润物无声地引用中国古代优秀文学作品，无形之中提升了学生对民族、国家的文化自信，以达到学生能够自觉地用中华优秀传统文化、革命文化、社会主义先进文化培根铸魂、启智润心的目的。

除以上感悟之外，在内心深处让我体会更深的是教学工作中的“道”和“术”，道为本，术为枝。参赛前，以为比赛只是提升教学能力，这是“术”的范畴。通过躬身入局地参与这个比赛之后才发现，它不仅仅是在提升我的教学方面的“术”的能力，更是全方位地提升“道”的能力，这里的“道”就是专业上的思考力、逻辑力、表达力，还有个人自我管理方面的自律能力，更为重要的是作为教师这一神圣的职业所应当具备的品德修养。人外有人，天外有天，对“术”的钻研是永无止境的，应时刻保持谦虚好学之心，但如要达到“术”的至高境界，则必须以“道”为根基，方能有所大成。正如习近平总书记于今年 4 月 19 日在清华大学的讲话中提到的：“坚持把立德树人作为根本任务。”“大学教师对学生承担着传授知识、培养能力、塑造正确人生观的职责。”当下，作为一名大学老师，同时又是一名中国共产党员，我对教学工作的认知上升到了更高的境界——以“立德树人”为根本，育人先育己，不断提升自身的修养，洁身自好，师德育人，培养更多符合国家和社会需要的人才。只有以“道”为根基、“术”为枝叶，才能实现根基深厚,枝繁叶茂。

通过参加这次比赛,我深刻地体会到了国家对于教学工作的重视,因为教育本身对于老师来说可能只是一份工作,但是教学的背后所包含的意义和价值其实是在为国家和社会培养人才。从这个意义上讲,教师的责任极其重大,让我由衷地感到肩上的责任更加重大。古人云:"家事国事天下事,事事关心。"从这个角度来讲,每个人其实都在自己的岗位上承担着应有的责任,这个责任对国家的发展和社会的运转都起着一定的作用,但是对于教师来讲,承担的社会责任较其他工作岗位又有所不同。教师如果不能尽职尽责,影响的是学生的一生,甚至会影响到他的整个家庭,更有甚者,对学生群体的影响会给整个社会带来不可估量的后果。所以,尽管只是参加一场比赛,但在备赛过程中,最初是抱着参赛获奖与提升技能的简单想法,而经历了全过程之后,体会到的却是教师这一神圣的职业所被赋予的责任和使命,教师的责任重于泰山。这也是"道"最重要的部分,即责任。

最后,再次感谢主办方给予我参加此次教学比赛的机会,感谢评委老师的辛苦付出,特别感谢我的工作单位山东交通学院给予我参赛的机会,感谢在我备赛过程中领导与同事的帮助,以及家人的理解和支持。在未来的工作中,我会不忘初心,砥砺前行,路漫漫其修远兮,吾将上下而求索。

个人简介

侯环环,女,1987 年出生,硕士,山东交通学院英语教师。主要从事英美文学研究及英语教学研究。获山东省第八届"超星杯"高校青年教师教学比赛山东省二等奖,第五届全国高等院校英语教师教学基本功大赛国家级一等奖，第五届全国高等院校英语教师教学基本功大赛山东省一等奖，第五届全国高等院校英语教师教学基本功大赛最佳语音语调奖，2020年山东交通学院“课程思政”说课比赛暨教师课堂教学比赛一等奖，2020年山东交通学院外国语学院“课程思政”说课比赛暨教师课堂教学比赛一等奖，2020年外研社“教学之星”大赛全国复赛一等奖。

坚守初心使命　培育时代新人

肖　霞

成为一名大学老师，是我长期以来的梦想。2017 年，我终于圆了自己的梦。博士毕业后，我成了一名大学思政课老师。站在三尺讲台上教书育人，我感到无比骄傲。为党育人、为国育才是教师的神圣使命。作为一名思政课教师，我深感使命在肩、责任重大，尽我所能上好每一堂课，是我责无旁贷的选择。看着那一双双渴求知识的眼睛和那背后一个个家庭的希望，我怎能不竭尽全力！提升技能，开阔视野，为学生提供更佳体验的思修课，最终有利于学生发展，是我参加青教赛的最大动力。教学是教师安身立命的根本，作为青年教师更是要站好讲台。参加青教赛，对我而言是一次宝贵的经历，在参赛的过程中，我也加深了对课程的认识、对授课教师的认识。

一、对课的认识

有人说，教学比赛就像舞台表演，在整个备赛、参赛过程中，我深深感受到，教学比赛注重的绝不仅仅是形式，更重要的是内容，必须是内容为王。对教学内容的要求我认为主要有以下几点。

一是要有思想的高度。不管哪一门课的老师，都要注重为谁培养人、培养什么样的人。我们要培养的是担当民族复兴大任的时代新人，绝不是精致的利己主义者，所以我们的课程内容一定要有政治高度。作为教师，我们对学生不仅要有知识的传授，更要有价值的引领。应着力于学生家国情怀的培育、担当意识的培养，引导学生正确处理个人与国家、社会的关系，逐渐走出“小我”走向“大我”，以实现中华民族伟大复兴为己任，将个人的青春梦融入中国梦，在实现中华民族伟大复兴的历史进程中去实现个人的梦想，不负时代，不负韶华，不负党和人民的殷切期望。

二是要有理论的深度。要立足于教材，在吃透教材的基础进一步深化。在平时的授课中，除了通过灵活多样的教学方法、线上线下融合的教学模式去吸引学生，更重要的是靠理论去说服学生。理论只有讲出深度才能以理服人。马克思指出：“理论只要能说服人，就能掌握群众；而理论只要彻底，就能说服人。”这要求我们在理论的讲授中，讲清楚理论的内在逻辑关系和科学必然联系，以透彻的学理分析来回应学生。

三是要有知识的广度。知识的广度涵括了内容的广度和空间的广度。其一，内容上的广度。要讲好党史国史，思政课必须直面学生的思想困惑。比如，作为“网络原住民”的新时代大学生，很容易受到网上一些错误观念、思潮的影响，曾经一段时间，历史虚无主义大行其道，对青少年的历史认知、价值认同都产生了恶劣影响，作为思政课教师，亟须提升对历史虚无主义的辨识力和辩驳力，同时旗帜鲜明地反对各种形式的历史虚无主义，通过深入发掘党史国史，深刻还原历史事实，让历史虚无主义无立足之地。讲好党史国史，还要善于讲好中国故事。一代代共产党人抛头颅洒热血，用鲜血和生命谱写了壮丽的史诗，思政课老师需要利用好这些珍贵资源，讲好红色故事。要把党史放到5000多年中华文明史、中国人民近代以来180多年斗争史中去认识和把握，从历史长河、时代大潮中探究规律，给学生讲清楚过去我们为什么能够成功、弄明白未来我们怎样才能继续成功，要把红色基因传承给新时代的大学生。要实现这一目的，还需要教师特别加强学习教育学、心理学的相关知识，注重将教育学、心理学的理论成果融入教学。其二，空间上的广度。注重课上与课下相结合、理论与实践相结合。平时除了课堂讲授之外，多组织学生进行社会实践。比如，可以组织学生围绕课本内容进行实践调研，让学生在实践中体会理论的真谛。

四是要有情感的温度。我很注重的一点是：有温度的思政课一定是关注学生需要的。我们一直非常注重老师怎么去教，其实我们也同样需要去关注学生需要什么和他们的思想理论困惑，在课堂上要注意答疑解惑，直面学生的困惑，为他们的成长发展服务。比如，能不能只活在当下而不追求理想？能不能只满足于自己的"小确幸"？能不能做一个精致的利己主义者？这样既有问题导向，也有思考、有辨析。同时，注重贴近学生实际，用学生的身边人、身边事，引发他们情感的共鸣，拉近和学生的距离，引导学生在"最近发展区"进行提升。

二、对教师的认识

一是要始终有育人的情怀。思政课是立德树人的根本课程，思政课教师的作用不可替代。作为思政课教师，首先要有育人的情怀，做好价值引领，培养学生的家国情怀。平时上课我会经常给学生推荐《人民日报》《光明日报》等报刊的公众号，引导他们关心"国之大者"。起初，学生只是看看，后来他们就开始在朋友圈转发《人民日报》的文章，慢慢地，学生就在关注、关心国家大事中培养了家国情怀、责任担当。

二是要始终有对职业的敬畏。对待工作，不仅要热爱，更要敬畏。在备赛过程中，我也多次学习了清华大学李蕉老师的比赛心得，清华大学"春风化雨、课比天大"的教学价值观给我留下极其深刻的印象，每位老师都应该有"课比天大"的教学价值观。绝不因为个人原因给学生调课，这是我对自己的要求。作为教师，首先应该以身示范，给学生做出良好的表率。

三是要始终注重用情感人。教育是“一个心灵唤醒另一个心灵”。不仅需要用理，还需要用情，只有理没有情就难以引发情感的共鸣。教学比赛的时候是这样，平时上课也是这样。作为老师，要有一颗为学生成长而服务的心。我们对学生的关心、关爱，他们都能够感受到。学生需要的，就是我们关注的。学生关注考研，我们就整理了近十年考研真题并融入教学，在教学过程中为学生答疑解惑，把服务学生考研落实落细。

四是要始终全身心地投入。备赛的过程，千头万绪，从内容选择到教学设计，从讲稿到 PPT，每一个步骤都需要亲力亲为，在一遍一遍反复打磨中，我真切地体会到：教学水平的提升真的是一个永无止境的过程！授课内容既有原创的也有借鉴的，做到融会贯通，就需要投入大量时间、精力反复研磨，最终让自己轻松驾驭和运用，成为课堂出彩的经典。在备赛过程中，300 多个日夜，20 个授课节段，数不清的讲稿修改，由于比赛，我不得不牺牲与儿子们快乐相处的假期生活，一心一意投入比赛中，最终获得了一等奖。这份收获再次坚定了我的信念：一分耕耘、一分收获，只要你肯付出，胜利就在前方等着你。

五要始终依靠集体的力量。所有的战斗都不是一个人的战斗，青教赛更是集体力量的展示。备战青教赛以来，我得到了领导、同事、朋友和家人的无私帮助和支持。教务处领导和老师们对整个比赛全程指导，周密安排。马克思主义学院领导高度重视，在整个参赛过程中给予了强有力的支持。教研室老师们集体磨课，为我扩宽了问题视角，完善了思考角度，丰富了课程内容；学校的教学督导老师和博士舍友刘蕊老师，用他们丰富的比赛指导经验给了我大量指导，让我受益良多。这种集体备课、磨课对参赛选手更好地备赛，作用尤其显著。所以，成绩的取得不是我一个人的，而是所有人共同努力的结果。

备战青教赛的过程是艰辛的,也是幸福的。有些事情,在做的过程中不一定愉悦,但回过头来看,你会发现,这很有趣,如果有机会,还想再这样做——备战青教赛就是如此。有人认为,教学比赛很耗费时间。是的,教学比赛和平时上课的确有区别,但本质上都是为了更好地上好一堂课。从这个角度来看,不管比赛的结果如何,我们为教学比赛所付出的时间和心血,其实最后都融入了我们的课堂,反哺教学,让学生享受更好的教学,最终受益的是我们的学生。所以我认为,参加教学比赛,非常值。通过"以赛促教",实现了让学生享受更好教学的初衷,大大提升了学生的获得感。在这个过程中,我收获的不仅是教学上的提升,更是个人的成长、信心的坚定。比起一个教学奖项,更多的是一种信心。这种信心,是对多年努力最好的回报。通过比赛,我也发现了自己的不足,有了继续努力的目标和方向。今后,我会在教学中进一步反思、提升,更好地肩负起思政课立德树人的根本任务,也让学生享受更好的思修课!这也将是我一生为之奋斗的目标!

个人简介

肖霞,女,1982 年出生,博士,山东工商学院副教授。主要从事思想道德教育研究。主持省部级社科基金项目 2 项。出版专著 1 部《道德健康教育》。在《道德与文明》《伦理学研究》等期刊发表论文 20 余篇。获山东省第七届高校青年教师教学比赛一等奖,山东省社会科学优秀成果奖三等奖 1 项。

初心依旧　百炼成钢

刘　燕

2013 年 9 月，研究生刚刚毕业的我带着憧憬和忐忑，来到了滨州职业学院——一所据说校园比清华都大、景色比北大都美的学校。当我刚踏入教室的门口，教室里顷刻响起雷鸣般的掌声，我被学生们的热情深深感动，瞬间喜欢上了这里，从此开启了我的执教生涯。滨职虽然校园没有清华大，文化底蕴也不如北大，但滨职这个大舞台给我提供很多锻炼成长的机会，让我不断走向成长与成熟。一路走来，“三心”是我对参赛经历的概括，“四做”是我对思政课教师的践行，打造思政“金课”是我的从业目标。

一、历程：“三心”引领来护航

（一）永葆初心

初心就是本心、本源。我的工作初心是什么？我本科和研究生所学专业都是思想政治教育。曾经有人质疑：你怎么选择这个专业？来到了滨职，又有人质疑，你怎么来到职业学校？我很骄傲地告诉他们，因为喜欢。我喜欢当老师，最终梦想成真！我告诉自己坚持立德树人，上好每一节课，真心对待每一个学生，促进学生健康发展。我的立身初心是什么？人，活着是为了什么？这个问题是我经常问自己，也是不断和学生探讨的问题。为什么有的人死了他却活着，有的人活着他却已经死了？为什么有的人的死重于泰山，而有的人的死轻如鸿毛？我觉得回答这些问题，人生价值是重要答案。人生的真正价值不在于索取，而在于贡献和付出。我也曾有誓言，虽然可能做不到顶天立地，但一定做一个堂堂正正的人、一个大写的人、一个有利于人民的人，而不能为了一己之利，蝇营狗苟于人世。

不知不觉，从教已八年。从一开始入职时的"燕姐"，几乎成了学生的"燕姨"，仍可记得上班前几年的小心翼翼，生怕内容不熟，生怕被学生考住，生怕被别人耻笑了去。因此，每节课都写好了讲稿，备课就占用了大量的时间，上完课总会三问吾身：这样的课学生喜欢吗？还能再精彩一些吗？学生到底得到了什么？

随着生活节奏的加快和各项事务的层层加码，以及自以为对教学内容的熟练，上课好像变得不那么重要了！初心呢？我羞愧地问自己。为了检验和提高自己的教学能力，为了更好地教书育人，找回初心，我最终选择了报名青教赛。于是，学院选拔——校级选拔——省级初赛——省级复赛——省级决赛，"过五关斩六将"，成就了我从业史上最煎熬的教学比赛，也促成了教学能力的快速提高。

（二）坚守恒心

恒心就是毅力、意志。入围青教赛省级复赛的消息还是从别人那里知道的，当晚很高兴，在姐姐家吃饭多吃了几个水饺。接下来领导的关心、呵护、督促纷至沓来，顿时感觉重担在身，原来以为比赛是自己一个人的战斗，到头来发现背后是一个集体，我不再是我自己。

因为自身的拖延症和其他不可抗力的因素，寒假竟是一个字都没动。新的学期就要开始，青教赛也不得不提上议程。课程大纲、教学目录、20个教学设计、20个教学节段PPT……对从没有参加过这种比赛的我来说，压力山大。于是一遍遍研究通知，一遍遍观看往届的网上资料，一遍遍研究教材，终于确定了教学设计和教学节段，并着手材料的准备。

一切都是0,我要做的就是实现从0到1的突破,而这,往往是最难的。作为军嫂,我要工作和家庭双肩挑,难上加难。于是,我就开始了上午上课、下午开会或听报告、晚上哄娃睡后加班整理材料的忙碌日子。发誓再也不熬夜的我,熬夜又成为一种常态。朋友约我吃饭,没空,忙。婆婆周末想回老家,对不起妈,您再等等。孩子央求我多讲个故事,对不起宝贝,妈妈在忙……箭在弦上,已经无路可退,于是不断给自己加油打气,坚持就是胜利!

材料终于准备得差不多了,领导开始了进一步的呵护,找专家对我进行了第一次指导。自以为讲得还可以的我,被专家从内容到形式批得体无完肤。也是有了这一次的指导,明白了青教赛的指向,也有了进一步奋进的目标。接下来的日子,上课、改课件、修设计、写讲稿,模拟讲课、专家指导,就像一个陀螺一样,停都停不下来。来自领导的关心也是之前我参加的任何比赛都不曾遇到过的。从2月底开始准备材料到4月中旬去潍坊参赛,时间就像白驹过隙,来不及回味和思考,脚下只有三点一线——教室、办公室和家里。忙碌却又充实着。听闻有人备赛天天熬夜到二三点,"不经一番寒彻骨,怎得梅花扑鼻香",每个人的成功都不是随随便便的,只有在不断的磨砺中才会百炼成钢。很多人第二次参赛,更有甚者第三次参加,他们的目标就是"一等奖",没有最好,只有更好。这需要很大的勇气,既要承担得不了一等奖的压力,又要付出一轮又一轮的艰苦努力。所以,既然选择了参赛,就只顾风雨兼程。

(三)树立信心

复赛实行抽签制度,当颤颤悠悠的手挪动着鼠标点下"抽签"两个字,随后跳出"教学节段8"这几个字时,心想,完了!是不太熟练的"科学发展观"!接下来更是考验心理素质,PPT从系统下载下来竟然打不开!本来已经够紧张了,课件竟然也要来"作妖"!还好,在我的强烈要求下,工作人员重新下载了一次,打开了!劫后重生的感党！到了专家评委面前反倒有了信心，靠着并不是很熟练的“教学节段8”，我复赛顺利上岸。终于守得云开见月明。

复赛成功的喜悦，很快被接下来更加的忙碌所冲蚀。反正只要去参加决赛至少都是二等奖了，我不努力了行不行？很可能再努力也只是个二等奖，尽力的付出究竟值不值得？

人总是要有点精神的，而这种精神体现在不断突破心理舒适区、不断自我超越上。教学反思得补上，课件还不那么精美，教学设计还可再完善，讲稿还有待补齐，重重压力又如洪水般涌来。还有一个月的时间，听起来好像还有很长时间，但是把时间分配到20个教学节段中，时间又少得可怜。青年人，继续奋斗吧！有的教学片段从导入到结尾，从案例到数据，从图片到视频，甚至推翻了重新设计，直到最后几天，终于把讲稿配齐，当写完讲稿的时候我也更加自信了，正所谓“胸有成竹”。

二、反思：“四做”践行促成长

（一）自我锤炼党性，做一个理想坚定的好老师

习近平总书记把理想信念比作共产党人精神上的钙，缺钙就会得软骨病。作为一名思政课教师，自己的理想信念也直接影响着学生的理想信念。如果在“马”不言“马”、说“马”不信“马”，不懂“马”信“马”、传“马”护“马”，就不是一名合格的教师，更不是一名合格的思政课教师。习近平总书记说：“要让有信仰的人讲信仰。”思政课老师一定要胸怀远大理念，坚定崇高信念，一定要有共产主义远大理想。《共产党宣言》中很多话激荡我的内心，越读越有味道，越品越让我泪流满面。“共产党人不屑于隐瞒自己的观点和意图。他们公开宣布：他们的目的只有用暴力推翻全部现存的社会制度才能达到。让统治阶级在共产主义革命面前发抖吧。无产者在这个革命中失去的只是锁链。他们获得的将是整个世界。全世界无产者，联合起来！”作为党支部书记的我，注重把党性教育与业务工作深度融合，不断提升自

身和其他党员教师的理想境界。虽然实现共产主义还路途漫漫，但我们要有这个坚定信念，并且朝着这个更加美好的社会努力奋斗！

(二)胸怀仁爱之心，做一个作风优良的好老师

习近平总书记说："党的作风就是党的形象，关系人心向背，关系党的生死存亡。"作风问题的核心是党同人民群众的关系问题。作为一个党员教师怎么加强作风建设？我认为，一要密切与学生关系。一学期下来，除了一周上两节课来见学生，下课就走人，也不主动和学生交流的老师不是好老师。作为一名思政课教师，调查研究学情非常重要，教学内容的基础就是学生，不能脱离学生的现有心理和知识基础而授课。当学生有诉求，有问题咨询时，一定要摆好位置，以教师和朋友的身份，对学生的问题进行耐心阐释和解答，可以通过QQ、微信等，这势必会花费教师很多时间和精力，但只知一味教书却不懂育人的老师不是好老师。二是要以仁爱之心平等对待每一个学生。不得不承认，学生素质是有差异的，但教师眼里不能只有"好"学生，而对不遵守课堂秩序、不好好学习的这些孩子呈异样的眼光。我们应用博大的胸怀包容这些孩子，不遗余力地引导他们，用我们的爱来感化他们。可能会失败，但我们至少做了，就无憾了。三是要廉洁自律。当有学生或学生家长送钱、送物、请吃饭，我们一定禁得住诱惑。作为一名教师，德行也要与能力相匹配，永远干干净净做人，干干净净做事，这样做事才会长久，给学生起到良好的示范作用。

(三)读原著学原理，做一个学识扎实的好老师

研读原著掌握理论、用理论指导实践是非常重要的。毛泽东于1939年底在延安对一位进马列学院学习的同志说："马列主义的书要经常读""《共产党宣言》，我看了不下100遍，遇到问题，我就翻阅马克思的《共产党宣言》，有时只阅读一两段，有时全篇都读，每读一次，我都有新的启发。我写《新民主主义论》时，《共产党宣言》就翻阅过多次。读马克思主义理论在于应用，要应用就要经常读，重点读。"毛泽东以马克思主义理论为依据，为中国人民的解放事业赢得了胜利，改

写了中华民族的历史。我特别提倡原汁原味地看原著品原文，这样才能保证学习资料的真实性和正确性，防止跑偏。学原著还要掌握方法：一要勤学习，二要善思考，三要写感想，四要行动，四者结合起来才有更深的感触。在多读原著学原理中，学识也会变得扎实起来，给学生讲课也会更加有底气，更有说服力，充分用理论的魅力征服学生，做到政治性和学理性相统一。

（四）立足平凡岗位，做一个踏实肯干的好老师

建党百年来，我们取得了很多举世瞩目的成绩。港珠澳大桥、“蛟龙号”、“天眼”……这一幕幕精彩画卷无不让人感到震撼。这背后是无数平凡而伟大的劳动者在各自工作岗位上默默奉献，攻坚克难，无私坚守。实现中国梦，需要每一个中国人踏踏实实地做好本职工作，积沙成丘，聚木成林。我是一名普通的人民教师，我的岗位是三尺讲台，我的职责是把所学所知传授给学生，启迪学生灵魂，助力学生成长。我的力量或许微弱，我的水平或许有限，但是我会不遗余力，我会努力提高自己，因为中国梦也是我的梦，传道授业解惑也能展示我的美。

三、结语：打造“金课”为目标

2020 年 11 月初，这场旷日持久的青年教师比赛在学院拉开帷幕。

2021 年 5 月底，山东省第八届高校青年教师教学比赛成绩揭晓。

半年之久，战线之长，让人疲惫。

二等奖，虽未理想，却终可释负。

静心思忖，得与失尽在心间，浮与沉尽归两个字：值得！

在今年的青教赛中，思政课没有单列，思政课与其他文科课程同台竞技。我的优势在哪里？好的思政课到底是怎样的？这是我不断思考的问题。要说普通话，不如教播音主持的，要说形式多样性，不如教音乐美术的……经过探索，我认为一堂好的思政课起码要符合

思政课的教育教学规律，要把理论讲深讲透，突出思想性和理论性；要与学生专业实际相联系，突出亲和力和针对性；要把课程讲形象讲“活”，突出价值性和生动性……当然，语言表达、教态、板书是基本功，需要进一步夯实。通过青教赛，我也不断反思之前的授课模式。之前一味追求课堂的抬头率，追求课堂的热闹性，这样的课堂到底有没有激发学生的深层次思考，有没有真正助力学生高阶思维的养成？参加完青教赛后，我在实际的高职课堂教学中更加坚持“内容为王”，既要符合高职生理论功底比较弱的实际，又要融入学术思维，融入相关知识的最新表述和研究成果，启发学生多问几个为什么，开始注重教学内容的学术性、高阶性和创新性，增加课程的挑战度，让学生“跳一跳摘桃子”。事实证明，这种改变是有效的。

踏入高校的第一节课以热情的掌声开始，而这掌声成为激励我不断前进的动力源泉。八年后的今天，脑海中仍然还回旋着第一届孩子们的一颦一笑，这些都激励着我不断研精覃思、杏坛耕耘，做一名更好的老师，为党育人，为国育才，不辜负学生，不辜负时代！

凡是过往，皆为序章。虽然比赛已经结束，“长征”却并未到达终点。习近平总书记说，思政课是落实立德树人根本任务的关键课程。路漫漫其修远兮，把思政课打造成政治上有高度、理论上有深度、知识上有广度、情感上有温度，学生真心喜爱、终身受益的“金课”，我一直在路上！

个人简介

刘燕，女，1987 年生，中共党员，北京师范大学法学硕士，“双师型”教师，现为滨州职业学院思政课教师，主要从事思想政治教育理论与实践研究。主持参与省市级课题10余项，参编教材和文化丛书10本，获山东省高等学校优秀科研成果二等奖1项、山东省高校思想政治教育优秀成果三等奖1项、滨州市社科优秀成果奖4项。获山东省第二届高职院校微课教学比赛三等奖、第二届和第三届山东高校思想政治理论课教学比赛二等奖、山东省第八届高校青年教师教学比赛二等奖。

青年赛场中感悟成长

李 蓓

山东省第八届青年教师比赛已落下帷幕，教学有序进行，生活忙碌而规律，不同的是站在讲台上的自己，多了一份从容，多了一份担当。与赛前相比，知不足才能有目标，有进步才感责任重。如何诠释教师一职，我有了新视野与新追求。

一、奋斗正当时

青教赛，顾名思义，就是青年教师比赛，只要参赛，就基本上是同龄人之间竞争，赛道上无数个和我们相同的人。一方面，教学经验上，有或多或少的差别，学科的积累，因人而异；另一方面，生活中，大部分老师都是拎着孩子赶时间的人。从青年教师的经验有限，到生活中的“一地鸡毛”，都给了我们前所未有的困难和挑战。然而，职业中如何提升自己，如何助力学生成长，是我们一生的职责与追求。

在专业经验上，课程我已经讲了五个学期，然而，从学校直接走向教学岗位的我，没有实践经验，没有深厚的教育理论。在“水力学”课程实践及工程应用时，我很难把基础理论与工程实际相结合。比如，对于渗流的定义、规律，仅仅是通过教材传递给学生，其中的工程体现、危害都无法为学生引申出来，专业能力与教学都存在很大的不足。入校以来，作为山东水利职业学院特色专业水利工程的教师，我们有着大量的专业建设任务。国家学徒制试点专业建设、水利部优质专业水利工程建设、山东省高水平专业群建设等，我都参与其中。工作中，通过专业调研、专业实践、专业课程与资源建设及实训基地建设等，我与自己的专业应用更近了，理论与实践更近了，教学有了目标，专业能力有了大幅提升。同时，我也学习了大量的政策文件，专业需求、行业企业对高职院校学生的技能要求、实践基础等，对此都有了系统性的把握。从对自身授课内容的重理论、轻实践、少应用等多方面不足着手，为后续的参赛与课程改进提供了方向与目标。

在生活中，无论是家庭、孩子还是学生，青年教师都很难有效兼顾。经验的不足，常常带来生活中的手忙脚乱。青年的成长又多是从这起步的。一方面，我在参赛期间，孩子还不到三岁，即使正常的工作，也常常是一家人都不能按时按点吃饭。比赛期间，对孩子的无暇顾及也使她经常生病，愧疚是难以弥补的，但同时也看到了她的成长、她的规矩、她做事认真不希望被别人打扰，看到了她的融入和合作能力，想必也是母亲榜样的力量吧。另一方面，入职以来，我一直担任学生班主任，在处理班级事务同时，和学生生活中的沟通、交流也让我有更多的时间和机会去了解他们，了解他们对专业的困惑、职业发展的迷茫及生活中遇到的各种问题和他们在不同阶段的专业能力和水平。这些经验都使我在教学设计、课堂规划、实践锻炼中更透彻地分析学情，依据学生身心发展规律，运用建构主义、学习迁移等基础教育理论更好地进行专业教学。同时，和学生相处中，进一步增进了生活中的交流，用行动去解决学生困惑，用关爱去温暖学生心灵，用实践去树立责任担任意识，师生教学相长，共同成长。

二、基础苦于行

比赛内容非常多，要覆盖整门课程的各个章节。对于自己的课程，虽然也进行了多轮教学，但知识挖得透不透、学生的学习能力如何、学习效果怎样等，我们在平时研究得少之又少。比赛不仅考验的是我们对于专业知识的掌握，还包括教育基础理论的应用，包括一门课程对专业的作用，必须从人才培养的目标出发，必须依据专业与课程标准进行，必须遵循学习的基本规律。在比赛备课时，这些都面临新的挑战。

（一）科学严谨

科学性、严谨性是首要的，每一节课，即使非常熟悉，我都要再细读一遍教材，然后听慕课、雨课堂上各位教授的讲课，全部做有笔记，只有把每个知识点弄明白了，搞清楚了，书才会越读越薄，才能找出知识前后之间的联系。教材通读了，相关课程肯定会来来回回听好几遍，这之后开始做课，还是会觉得无法下手，必须设计出来自己的主线。我的每一节课都有手稿，就是主线是什么、根据内容怎么讲、哪里有互动、哪里可“思政”，设计出来再去找资料，这样才能充分完善自己的教学设计。设计主线完成，还需要再回到教材，一本教材是不够的，对于我的课程，我买了二十多本不同版本的教材，知识内容是相同的，但不同教材的表述不同、思路不同，这些看下来，我就会有自己的思路了。同时，课程的应用、专业发展前沿，在教材中体现得非常少，这些需要我们查看大量的文献，与自己的课程相结合，将国家规划、专业发展、基本原理、最新理念与应用有机融合，提升专业高度。当然，这些过程也都不会一帆风顺，都是在不断的修改、反思、打磨中成型的。在此过程中少不了知识点的灌输、知识的罗列，很多自己意识不到的问题还需要进一步的改进。

（二）立德树人

高等学校培养目标是培养专业能力与健全人格统一的高素质人才，因此，坚持立德树人、综合发挥专业课程知识传授与价值引领的育人功能是教育是第一要务。在“水力学”课程中，通过听课、调研、教学、案例、社会实践等多种形式，我深入挖掘了本门课程的思政元素，并形成“四思”思政育人模式，即在课程教学中，结合历史人物讲授典型知识，挖掘崇尚科学、追求真理、无私奉献的求真精神谓之思人；通过典型工程，厚植家国情怀，树立民族自信，挖掘精益求精、规范操作、实践创新、制度自信等元素，谓之思物；洞悉水力分析与计算的研究与认知规律，推进学生哲学思考，健全学生人格培养，谓之思哲理，通过学生参与公共事务，增强社会实践，推进知行合一，培养服务意识与社会担当，谓之思担当。以此模式为线，树立教学内容，并贯穿水文化探索之线，将课程深度全面展现。通过思政的实践，对比之前自己的课程效果，无论是在学生的出勤率、参与度、抬头率上，还是在学生对于专业的疑问、专业探索、职业规划、专业认同感等方面，都有了极大的提升，育人成效显著。

教育部《高等学校课程思政建设指导纲要》提出，鼓励支持院士、长江学者、国家级教学名师等带头开展课程思政建设。因此，我搜集了各位教授、大家的课，因为他们的课堂多数不是录屏的，不是有稿的，是有学生的课堂，有互动的课程。除了知识点外，专业扩展很多，有时一句话就是我们的思政点、启发点，受益匪浅。比赛结束后，得益于课程思政的加入，我的课堂“活”了起来，专业知识不再枯燥乏味，随之而来的是学生十分投入、热烈探讨、积极进取、饱满的专业学习精神和强烈的专业认同感。

三、素质精于练

在课程的综合设计与统筹规划上，如何有效地将知识传授给学生，是考验教师综合素质的核心。从战战兢兢站上讲台，到从容自如地进行授课、实践与活动，这是通过连续不断的磨课实现的。我们的磨课包含了教研室、系部、学校三个层次。

首先是教研室磨课，同一门课程的老师，会对我们的课程知识性、逻辑性、严密性进行严格的把控，确保科学严谨。其间，其他中青年教师给予了我很多新的观点与视野，使课程讲出来更透彻、更深入。同时，老教师们会从实践上、项目上给予指点，让我的知识与实践对接，专业适用性进一步把握得更精确。其次，系部磨课。系部组织老师集体观课，在此过程中，知识的专业拓展部分有了更广泛的选择，在丰富内容的同时，也使得学生的专业规划、专业方向更明晰。最后，校级磨课。学校对于我们的磨课把握得非常全面。一方面，组织不同系部、不同科目的老师为我们听课，跳出专业的视角，寻找课程逻辑不通、知识不透等弊端。另一方面，学校还邀请了往年省赛、国赛的优秀选手为我们磨课。从比赛经验、仪表仪态、课程设计、课堂安排、思政融入、教学手段、教学策略等等进行了全面交流与指导。同时，学校还为我们邀请专门的礼仪老师，从怎样站、怎样讲、怎样握笔、怎样出气到穿戴的每个细节，都进行了打磨，让我们每次站上讲台，都能呈现最热情饱满的状态，感染每一位学生。在大家的帮助下，找出自己的缺点与不足，而最重要的是将这些改正与内化。针对大家的意见，我不断地修改，不断地提升，对着镜子看不足、对着录音听瑕疵、对着学生找问题，课程才得以逐步成熟。整个过程，我始终明确我不是一个人在比赛、在战斗，学校的培养、同事的指导、朋友的鼓励，无不激励我不断向前，综合素质的提升与成绩的取得离不开每一位帮助过我的人。

青教赛是我经历的时间最长、强度最大的比赛，长时间的备赛过程让我养成了一种习惯，就是思考一切接触到的知识、常识、道理、文件、新闻、经验、工作态度等等，能不能融合到我的课程中来，思考如何更好地讲好一堂课，上好一门课，如何更好地服务学生。通过课堂、实验、实践各个环节与学生交流，希望不仅给他们传授的是知识与技能，让学生内化基本理论，更希望学生有端正、阳光、向上、热情的工作生活心态，强烈的职业素养与社会担当，为未来水利事业发展贡献自己的力量。

每天奔着晨曦走出去，披星戴月走回来。被赛制逼着走出的一步步，推着我们离梦想更近了，回过头来，也看到一个更加有能量的自己！困难无处不在，但我们要有坚韧的心、付出的勇气和温厚的胸怀，就会不惧困难，勇敢向前。

爱岗敬业，践行奉献与担当，青年正当时！

个人简介

李蓓，女，1986年生，山东水利职业学院水利工程系讲师，主要从事水利水电工程设计与管理技术研究。累计发表专业及教学论文6篇，EI收录3篇，获得专利两项；先后参与山东省教育厅高等学校科研发展项目2项，山东省教育科学“十三五”规划课题1项，日照市人文社科类课题1项；全国水利行业数字资源大赛一等奖2项；山东省高校黄大年式教师团队成员；山东省职业院校首场课程思政研课会第一名；山东水利职业学院“师德标兵”。

破茧重生

——山东省第八届高校青年教师教学能力大赛参赛心得

李　静

时间倒流至2020年11月，那时的我，面对学生求知的眼神，内心澎湃、讲课激昂，自认为课堂教学能力“一流”。作为授课教师，当学生学有所得，我心里开心；当学生面露迷茫，我心里失落，安慰自己是学生知识储备不足。在这样的自我认知下，误打误撞参加了学院组织的青教赛，选定“GNSS原理与应用”课程中“测距码”这一知识点作为校赛节段。

经过水利工程系刘冬峰主任细致的指导，反复磨课一个多星期，让我初步知道想要真正讲好一节课需要一根主线贯穿，课堂讲授时要前后呼应，有问有答；课上提出的问题要有指向，是要基于知识点自然而然引出的问题，是学生能够回答上（不论对错）的问题……经过努力，获得了校内第二名，经学院推荐，作为待抽选手参加第八届青年教师教学能力大赛。幸运的是，我被抽到了，开心之余，是更多的“担忧”，一个节段要一个星期打磨，那么20个节段呢？我可以完成吗？能够做好这项工作吗？在一边鼓励自己，一边安慰自己中，开启了不知道能走到哪一步的比赛。

一、参赛初期

待抽选手和推荐选手一样，都需要准备一个 45 分钟的教学展示节段，我很幸运，因为 6 个待抽选手都认真准备了参赛节段，却只有两个人能够进行展示，带着这样的幸运，我选择“差分定位”这个节段进行展示，这也是我青教赛万里长征的第一步。

以前做旁观者，看待比赛，总是觉着：“并不难啊，不就是讲一节课，45 分钟嘛！录像？平时也录课啊，没啥难的吧？”但真正做起来，注意事项和细节还真不少。

作为水院人，我们很幸运，因为从学院到系部都非常重视青年教师的成长，鼓励我们青年教师参加教学比赛，所以我们并不是一个人在“战斗”。并且我们学校有非常好的“老带新”的传统，也就是有参赛经验的老师，会无私地指导我们这些没有参赛经验的教师。这里要特别感谢指导我录课的张华荣老师，张老师是山东省第七届青年教师教学能力比赛一等奖获奖选手，她细致入微又把握大局，让我明白青教赛的录课主体是教师，是展示教师对于把握知识、把握课堂等能力的比赛，她的经验对我来说犹如雪中送炭。参赛资料上传平台关闭的前一天，我完成上传，过程还算平稳。万事开头难，完成第一步，接下来就是等待结果了。

参赛初，我的女儿刚 7 个月，她的父亲是一名驻藏军人，我明白我的处境是时间最珍贵，所以，在上传资料完成的第二天，我不敢休息，在边边角角的时间中，开始了参赛节段的准备。在腊月接到进入复赛的消息时，我完成了 4 个节段的备赛。寒假带着 9 个月的女儿回老家菏泽，家里还有不满 2 岁的侄子，哥嫂在杭州，爸爸在上班，我和妈妈两个人带着两个 24 小时需要照顾的娃，忙到怀疑人生。举个例子，两个娃由于排便不规律一天需要洗 7 次屁股，别说学习了，连饭也吃不上。只能晚上 11 点以后，趁着妈妈陪侄子睡觉，爸爸陪女儿睡觉以后，我才去学习。现在想想，其实那时候大家都在坚持，感谢为了我无私付出的父母和努力的自己。

二、参赛中期

随着时间推进，我和另一位参赛教师张倩互相打气、互相监督，在寒假结束我们基本完成11个节段的准备。开学后，学院工会颜秀霞主任、教务处又一次组织了调度会，会上颜主任深度观看了全部国赛一等奖视频，并针对性撰写了评语，并不直接参赛的领导都如此严谨，这深深刺激着我，影响着我，提醒我要脚踏实地！

系部领导考虑我的工作环境，将实训楼103办公室提供给我备赛使用，直到2021年3月28日，我完成了20个节段的准备。虽然完成了这20个，但是能够达到参赛水平的有几个呢？并不多。自此，我开始了20个节段的打磨。一个好汉三个帮，自己一直磨很容易出现惯性思维，所以系部领导组织了多次磨课会，同事们都给了我很多意见和建议：各页PPT之间的连接词可以好好思考上下之间的联系，起承转合需要更加自然些；授课过程的教态方面可以在端庄一些，现在满脑子依旧是“讲课时，不要来回走”“不要频繁推眼镜”……我很感谢大家对我提出的问题，你们的细致观察让我的教学仪态有了很大的提升。

清晰地记得4月7日，一个再平常不过的周三，进行“相对定位”这一节段修改时，我突然顿悟到，课堂设计为“提出问题——分析问题——解决问题——具体应用”是不是逻辑上就会很通顺，按照这样的想法，我进行了“相对定位”节段的修改，在第二天，也就是周四，例会后，刘主任组织大家给我磨课，展示了2个节段，都不是很理想，主任说：“不知道你想讲什么……”当时心里很是着急，毕竟已经4月了，已经做了5个月的努力，这样的结果并不足以安慰自己，主任给出了修改意见，听了一会儿后，我发现主任的想法和教学节段“相对定位”的设计想法一致，然后我展示了“相对定位”，主任说：“对，就是这样！”瞬间信心爆棚！当下，我理解了一句话：量变产生质变！

按照这种思路，我进行了20个节段的修改。4月24日进行了复赛的PK，幸运的是我入围了决赛。

三、参赛末期

既然已经进入决赛，就只差这最后一哆嗦了，当然要全力以赴！不仅是个人层面，系部层面、学院层面也都十分关注，此刻，我背负的压力更大了，如何让压力转化成动力，心里默念："脚踏实地，苦尽甘来！"

5月11日，学院层面邀请了中国农业大学的韩宇教授分享国赛心得，并让我们展示自己做得最差的一个节段。展示后，我又发现自己存在了很多问题：讲课的艺术性不够，知识点讲解生硬；PPT和讲解配合不够密切，存在不同步的情况；知识本身内在的逻辑挖掘不深，起承转合依旧有待提高……问题这么多，我认为根本原因是对于知识的把握不够熟练，对我而言，解决这个问题最好的方式就是沉下心，完成这20个节段的优化以及大量试讲！

时间有限，如何有效利用时间成了最为重要的事情，我将时间分为25分钟一格，精确的正负30秒，记录存在问题，每个节段最多连续两遍。然后结合遗忘曲线，不断重复、优化、重复、优化。

知彼知己，才能有备无患，了解到比赛场地提供的是白板，齐杰老师提供了白板给我，模拟比赛环境。

5月21日，系部进行了教学展示，我进行了"实时动态定位"节段的展示，宋晓丹老师听课后告诉我，一些口语化的讲述，如"也就是说"，是不是可以用以稍微正式的语言"可以理解为"来代替；李睿冉老师提醒我课程内容有点儿深，是不是可以降低些难度，后来她了解到是本、专科一起比赛，还专门打电话过来，说难度还是要保持的；李玉芝老师提醒我，在课程拓展时，可以展示北斗导航系统广泛的用途……一路走来，帮助我的人，太多太多。

5月22日，距离比赛不到一周，女儿开始发烧，我以为可能是和上次一样的普通感冒，没有太在意，即使当晚烧到38.5度，也只是给了点儿柴桂颗粒退烧，我也希望她靠自己的免疫力抵抗过去。女儿无力地趴在我肩头，懒懒不动，直到24日早上也没见好转，领导同事亲友纷纷给意见、帮助。下午带女儿去医院抽血确认是病毒感染，但并不是很严重，在王东老师的推荐下，正常给药处理后，娃的确是有些好转了。但25日晚上8点半，娃突然在床上打挺大哭不止，拍拍肚子，“砰砰”响，我怕是肠道问题，一个人无法一边开车一边抱孩子，来不及考虑是否打扰别人，赶紧给领导和同事打电话。带娃去医院，好在虚惊一场，病毒感染，并不是特别严重，因为娃没有排便，所以很难受。从医院回到家已经是晚上11点，抱着睡熟的娃，我却焦虑得没有任何睡意。26号，经过用药以及推拿按摩，下午的时候，女儿算是有些精神了，距离比赛出发仅剩1天时间了，我心里很着急，同事王新为了让我安心备赛，主动承担带女儿按摩的事情，给我节约了宝贵的时间，我也安慰自己：天将降大任于斯人也！

远在杭州照顾小侄子的妈妈也很着急，为了让我安心比赛，哥嫂请假照顾因为腮腺炎发烧40度的小侄子，妈妈订票来济南帮我带女儿，爸爸请假从菏泽驱车到济南，共同为我“稳定后方”。5月28日，壮士出征，雄赳赳气昂昂，当我看见爸妈的时候，当女儿伸手求外婆外爷抱的时候，当爸爸妈妈说“我们来了，什么都不用管，做你的事”的时候，我的心瞬间就落到了肚子里，我知道：否极泰来！我可以安心准备比赛了。此时，对我来说，比赛已然成了我展示授课能力的舞台。

抽签显示29日上午进行比赛。一早去吃早餐，那天并不想吃鸡蛋，看见了鹌鹑蛋，我顺手就拿了几个，吃的时候，无聊地数了数鹌鹑蛋有四个，心里嘀咕，会不会抽到第四个出场呢？哈哈，果然，抽签时第四个出场。心里就觉得，嗯，想什么来什么，否极泰来！5月30日，倩倩比赛当天，我吃了5个鹌鹑蛋，心里嘀咕，倩倩不会第5个出场吧……守候在电脑前，果然是第5个出场。一切都太奇妙！

四、总结

公布我校三个选手三个一等奖结果的那一刻，感慨万千。相比其他人，我们无疑是幸运的，我们的付出是有收获的，但无论是不是一等奖，所有参赛选手教学能力提升这个收获是最大的收获，也祝愿我校未来成绩更加辉煌！

即将三十而立，参加青教赛，20 个节段，8 万字讲稿，每节段控制在 19 分 30 秒到 20 分 30 秒之间，让我的教学能力、应变能力、问题处理能力都有了很大提升，思维方式也发生了转变，这是我今年参加讲课比赛最深刻的感受。幼女相伴，虽是牵绊，更是动力源泉，比赛结束，回顾这半年多，感慨万千。要感谢的人太多，好在有你们的支持和帮助，我才能够坚持到最后。感谢自己，虽然过程艰辛，但幸运的是结果让人欣慰。我热爱学生，热爱我从事的高校教师教育工作，这是我走到今天的动力。教育是民族振兴、社会进步的重要基石，作为一名一线教育者，我一定尽心竭力，为党育人，为国育才。

个人简介

李静，女，1992 年 3 月出生，硕士，山东水利职业学院讲师。主要从事 GNSS 测量原理与应用、工程测量、测绘法规等课程的教学。获山东省第八届高校青年教师教学比赛一等奖、2020 年山东省职业院校教学能力三等奖、2021 年山东省职业院校教学能力二等奖，第三届全国地理信息职业院校青年教师教学能力大赛特等奖。

从青年教师教学比赛浅谈如何加快高校青年教师成长

——以“环境生态学”日常教学为例

高凤如

高校青年教师教学比赛以锤炼青年教师教学基本能力、加强师德师风建设为着力点，是青年教师交流学习和教学能力提升的重要平台。无论是初赛、复赛还是决赛，每个阶段都有着不同的机遇、挑战和收获。对于高校青年教师而言，参加教学比赛是有效提高教育教学能力、快速成长的有效途径。

一、树立正确的教学理念

（一）坚持立德树人的根本任务

习近平总书记多次指出，要坚持把立德树人作为中心环节，把思想政治工作贯穿教育教学全过程，实现全员育人、全程育人、全方位育人，努力开创我国高等教育事业发展新局面。高等学校是立德树人的主阵地，作为高校青年教师，为了学生的全面发展，落实立德树人的根本任务，必须深入挖掘教育教学活动中的育人元素，将思政教育如盐入水般融入课堂教学过程中。坚持课程思政与思政课程的同向同行，使学生的知识、能力和素质得到同步提高。比如，在授课过程中，积极引导学生运用环境生态学的理论知识，思考如何解决生态环境和生物多样性保护等社会热点问题。培养学生关注生态环境、保护生物多样性的意识，为推动实现碳达峰、碳中和的目标提出生态学角度的建议，从而实现立德树人的根本任务。

（二）树立以学生为中心的教学理念

教师在授课过程中，要始终秉承“以学生为中心”的教学理念。教师要成为学生学习活动的引导者，而不是一味地灌输，让学生被动地学习。本课程在综合环境生态学学科特点和“零零后”学生思维模式与学习习惯的基础上，充分利用信息化教学手段和教学平台，采用“发现问题——分析问题——解决问题——拓展应用”的互动学习模式，充分体现“以学生为中心”的教学理念，引导学生分析教学案例中存在的生态环境问题，主动找出问题产生的原因，利用多种教学方式鼓励学生利用学科知识解决案例中存在的问题。在分析问题、解决问题的过程中更加注重发挥学生的主观能动性，使学生真正能够将学习到的理论知识应用于实际问题的解决，提高课堂学习效率。

二、采用高效的教学方法

（一）创建以问题为导向的教学模式

基于课程理论重难点、社会热点以及学生疑点，通过设置问题导入课程，提高学生学习的积极性。以课程导入的某个具体案例贯穿教学过程始终，使学生学到的理论知识能够有效地应用于学科实际问题的解决。在以教师为主导、学生为中心的模式下解决学科热点问题。比如，在导入课程的过程中，可以结合课程特点，采用学科实际生产案例、行业热点新闻或者是日常生活中的常见环境问题进行导入，激发学生的学习兴趣，提高学生解决实际问题的能力。

（二）采用科学合理的教学方法

在遵循学生认知规律的基础上，需要采用有效的教学方法和手段来有效提高课堂效率。本课程主要采用线上线下混合式的教学模式，通过超星学习平台、学习通手机端、智慧教室教室端以及大数据平台管理端等手段，实现“一平三端”的教学。将课程的基础知识通过视频、微课等形式推送到网络教学平台上，学生进行自学，并在课下进行专题答疑。课上部分主要解决课程的重点和难点问题，以某个地区生态环境破坏的案例贯穿课程的始终，通过多种教学方法，有效解决课程的教学重难点。

对此，本课程在教学过程中主要采用的教学方法和手段主要有演示讲解法、案例教学法、合作探究法、PBL 教学法等。

1.演示讲解法

演示讲解法是最基本的教学方法，能够直接、快速、精炼地让学生掌握重要的理论知识，为学生解决实际问题打下良好的理论基础。

2.案例教学法

在教师的指导下，由学生对选定的具有代表性的典型案例进行有针对性的分析和讨论，并做出自己的判断和评价。这种教学方法拓宽了学生的思维空间，增加了学生的学习兴趣，提高了学生的综合能力。

3.合作探究法

让学生通过在线互动、课堂讨论等方式进行合作学习，给每个小组安排任务，小组成员都能参与到集体活动中，强调集体性任务和每位成员在团体中所起的作用。通过开展合作探究，激发学习兴趣，从而有效促进学生主动学习。

4.PBL 教学法

作为青年教师要坚持一个基本思想：学生对知识的理解过程并不是一个“教师传授—学生聆听”的传递过程，而是以教师为主导、以学生为主体的过程。根据每节课的教学重难点和学生的疑点，将理论知识转化为学科任务的解决，以问题为导向，以学科任务贯穿课程始终，充分调动学生的学习积极性。教师鼓励学生亲自参与知识的建构过程，使学生将理论知识应用于实际问题的解决，从而有效激发学生的学习兴趣。

（三）不断创新教育教学方法

教学内容在不断更新，学生思维方式也在不断变化，这就要求青年老师要根据学科新发展和学生新特点不断创新教育教学方法。所谓“教学有法，但无定法”，就是要求我们不断探索新的教学方法和模式，在创新中不断提高课堂效率。通过符合学生认知规律的教学设计，使课堂教学始终充满生机活力。而教学过程的创新对学生的创新思维可以起到潜移默化的作用，从而提高学生探索新知识，解决新问题的热情，使学生真正具备利用所学知识解决实际问题的能力。

三、具备过硬的教学能力

（一）完善课程教学设计

教学方案的设计是教学活动的初始环节，是顺利完成教学任务的前提和基础。教学设计的有效与否，直接影响到整节课程的教学效果。作为青年教师，教学设计工作尤为重要。本课程的教学设计是基于学科特点和学生认知规律，结合日常生活或者生产实际，逐步进行课前自学、课程前测、课程导入、给出目标、合作探究式学习、归纳总结、课后拓展等教学步骤，实现“发现问题——分析问题——解决问题——拓展应用”的互动学习模式，培养学生探究能力、合作能力和创新意识。

1.注重本门课程教学设计的整体完整性

每个专业的学科知识都是一个系统、有序、完整的知识体系。进行教学设计时首先要从整体出发，确定本课程在人才培养方案中所起的作用，需要完成怎样的素质、知识和能力的目标。依据人才培养方案的要求、学科特点和学生认知规律，对教材内容从整体上进行优化和重组，删除其中陈旧的、不符合人才培养方案要求的部分，增加人才培养方案中对学生提出明确要求的内容和学科热点问题。同时，在设计教学时一定要注意到本课程知识点的整体性和系统性，注意挖掘知识之间的纵向联系,以及与其他学科的横向联系,对知识点进行有效整合,使教学内容成为一个系统的有机整体。

2.注重具体内容教学设计的相对独立性

虽然本课程的教学内容是一个系统的有机整体,但是具体到某个教学节段则需要完成一个相对独立的教学目标。所以,教学设计应该注重知识的相对独立性,以某个具体教学节段的教学目标为中心,使学生每次上课都能有具体的、崭新的收获。学生在学习完每一个教学节段后,都能从特定的角度去解决某些实际问题,从而提高学生学习本门课程的自信心。

3.教学设计要根据学生具体情况实时更新

教师具有传道授业解惑的重要责任,而学生在学习过程中会不断有新的情况出现。所以在进行教学设计时,不仅要注重教学方式和手段的创新性,更要注重教学内容的不断更新。根据学生的具体情况,因地制宜地进行教学设计的不断调整和更新。所以,教学设计要紧紧联系当下现实的生态环境大背景,与现实生态环境问题紧密相关,将学科的前沿理论知识引进课堂,在解决学科热点问题的过程中使学生知其然,更知其所以然。

(二)提高课堂驾驭能力

课堂教学是一种现场实时生成的过程,教学设计预设得再好,事先准备工作做得再周密,也随时随地会有超出预期的事情发生。而如何恰当地处理这些突发事件,是反映一名教师基本素质和能力的重要体现。所以,作为青年教师,在日常教学中要不断提高自己对课堂的驾驭能力。

1.不断提高自己的语言表达能力

生动而富有启发性的语言能有效地调动学生学习的积极性。准确而简洁的语言表达,能提高课堂教学效率。对于本课程而言,有许多抽象而复杂的知识点,更需要语言表述的准确性、简洁性和概括性。所以,教师在日常的工作中要不断提高自己的语言表达能力,增强语言的亲和力，不断锤炼自己的教学基本功。

2.授课过程中注意与同学的沟通

“00后”的学生更加注重自我的发展，迫切需要老师给予关注和肯定。青年教师在授课之前，一定要通过各种有效的方式进行学情分析，分析学生知识掌握情况、情趣爱好、信息化手段掌握情况以及性格特征等，从而在授课过程中与学生进行有效的沟通。通过与学生的沟通，提高学生的学习热情和专注力。对此要改变过去“教师传授—学生聆听”的教学模式，以教师为主导、以学生为主体，使学生主动去发现问题、分析问题，从而有效解决问题。

3.采用灵活多样的方式开展教学

有针对性地选用自主探究、案例分析、课堂讨论等多种方式开展教学，利用视频、动画、VR、网络学习平台、智慧教室、App等现代化的教学手段进行辅助教学，增强学生学习兴趣，有效提高课堂教学效率。

（三）不断进行教学反思

教学过程是一个常教常新的过程，每次授课不可能完完全全按照教学设计进行。其中必然有课堂效率较高的地方，也会存在诸多问题和不足，所以说，进行教学反思就显得尤为重要。每个教学节段完成后，青年老师都应该积极进行教学反思，找到教学过程中效率高、创新性强、可复制的方法和教学手段，应用于以后的课堂教学。对于课堂中不利于课堂效率提高的环节，在今后的课堂中要尽量避免。只有这样不断地反思和改进，才能有效提高课堂效率，尽快成长为一名专业素质过硬的人民教师。

四、教学理念和方法在课堂的实际应用

在“环境生态学”课程中，生态系统中的物质循环是非常重要的一部分内容。下文将以物质循环这一节课为例来分析教学理念和方法在课堂中的实际应用。

（一）课前准备过程中教学理念和方法的实际应用

想要上好一节课，首先要进行教学方案设计。在进行教学方案设计时，一定要注意到本门课程知识点的整体性和系统性。比如，本节课要学习的物质循环和上节课已经学习的能量流动是相辅相成、互相影响的。在进行教学方案设计时要注意课程前后之间的逻辑关系，同时还要体现本节课程的相对独立性。

本节课的授课，主要采用线上线下混合式的教学模式。通过“发现问题——分析问题——解决问题——拓展应用”的互动学习模式，提高学生学习的积极性。课前，在超星学习平台上发布课前学习任务，将本节课的基础知识物质循环的概念通过视频、微课等形式推送到网络教学平台上，学生通过学习通手机端进行自学，并完成课前测验。教师通过大数据平台管理端分析学生学习情况和课前测试结果，并且根据学生的学习情况适时调整授课计划。

（二）课中授课过程中教学理念和方法的实际应用

根据适时调整的授课计划完成课中部分的授课，课中部分主要解决本节课的重点和难点知识。通过学科热点问题黄河流域生态环境破坏的案例导入课程，引导学生发现问题，从而引出本节课的主要教学任务：如何从物质循环的角度解决案例中存在的生态环境问题。

将黄河流域生态环境问题的具体案例贯穿教学过程始终。以黄河流域水循环为例，分析本节课的重点和难点知识：物质循环的模式。在分析物质循环模式基础上，引导学生通过案例分析、合作探究等方式分析黄河流域生态系统循环模式的哪些环节存在问题。教师鼓励学生亲自参与知识的建构过程，从而有效地分析问题。在学生分析出黄河流域物质循环存在的问题后，积极引导学生解决问题，从而引出本节课的另一个重点知识：物质循环的特点。通过分析黄河流域八步沙治沙的案例，使学生加深对物质循环特点的理解，在分析物质循环特点的基础上，找到解决案例中存在问题的方法。通过进一步分析八步沙治沙的典型案例，深入挖掘教育教学活动中的育人元素，鼓励学生学习八步沙人不怕吃苦、勇于奋斗的精神，将思政教育如盐入水般融入课堂教学过程中，达到立德树人的根本目的。

在学生解决了本节课的重点和难点知识之后，教师结合学生课堂表现进行在线评价，从平台导出学生本课学习数据，形成综合性量化考核评价。根据学生学习效果，引导学生梳理本节课的知识脉络，有效巩固本节课学习的重点和难点知识。

（三）课后拓展

学生课后的主要任务是对本节课学习的内容进行“拓展应用”，在“发现问题——分析问题——解决问题”的基础上，进行拓展训练。鼓励学生以小组为单位，提交从物质循环角度保护黄河流域生态系统的方案，从而有效地使学生将学到的理论知识应用于实际问题的解决。同时，教师应发布下节课的学习任务，使学生利用课余时间进行自学，为下节课的顺利进行奠定良好的基础。

高校青年教师教学比赛给青年教师提供了一个宝贵的机会。通过与来自全省高校的优秀青年教师同台竞技，能更好地找到自身在教学方面存在的欠缺和不足，并找到未来改进的方向，督促高校青年教师对课程的教学内容和教学方法不断改进，精益求精。这些宝贵的经验将成为青年教师不断提高教学能力的基石和动力。作为一名青年教师，我们要以青年教师教学比赛作为新的起点，以赛促教，继续刻苦钻研教学内容和方法。首先成为一名合格的教师，并且不断为成为一名优秀的人民教师而努力奋斗！

个人简介

高凤如，女，1988 年出生，硕士，山东畜牧兽医职业学院讲师。主要从事生态环境保护研究。参与省级、市厅级课题 6 项。在《应用与环境生物学报》等期刊参与发表论文7篇。获山东省第七届高校青年教师教学比赛三等奖，山东省第八届高校青年教师教学比赛一等奖，获山东省农业农村厅嘉奖一次。山东省黄大年式教师团队成员，山东省现代农业产业技术体系生猪创新团队养殖与环境控制岗位团队成员。

三尺讲台写芳华　一片赤诚守初心

于巾茹

从教九年来，在校内外各专家领导的指导下陆续参加了校、省多级别教学竞赛，取得一点成绩，褪去了初上讲台的青涩与紧张，取而代之的是一份自信与坚定。尤其是青教赛带来的不仅是与各校优秀教师同台竞技的宝贵经历与学术智慧，更有直抵人心的精神震撼。比赛让我懂得，教学不仅在于传授知识，更在于育人，也让我清晰地认识到自己的短板，能够深入思考如何在教学的路上走得更稳、更远。

一、唯有倾注爱心，三尺讲台才会成为梦想起飞的平台

冰心老师说过："有了爱，便有了一切，有了爱，才有教育的先机。"作为一名人民教师，不但要有流畅的语言、丰富的知识，最重要的是要有爱心，做学生的榜样。从教过程中，亲眼目睹老教师们一心扑在教学上，送走一届又一届学生，两鬓斑斑无怨无悔，亲耳聆听他们孜孜不倦、潜心育人的感人故事。教育无他，唯爱与榜样，我也跟随前辈们的脚步，从事着"仁而爱人"的事业。

人民教育家陶行知先生曾对教师说过："在你的教鞭下有瓦特，

在你的冷眼里有牛顿，在你的讥笑中有爱迪生。”如果没有立德树人的仁心，没有诲人不倦的耐心，没有有教无类的公心，那么这样的教育是没有温度的。因此，在课堂上我不放弃对任何一个同学的鼓励，为他们铺设适当的梯度，放开手让学生进一步钻研，培养他们自主探索的兴趣。对于基础差的学生，要精心选择恰当的方法，用形象的比喻化难为易，让他们尝到成功的喜悦。让学生感受到我的爱与温暖，也让我找到了最好的教学方法。

习近平总书记在全国高校思想政治工作会议上强调，教师不能只做传授书本知识的教书匠，而要成为塑造学生品格、品行、品味的“大先生”。而如今在国外流行文化的冲击下，我也一直在思考：怎样才能帮助学生树立职业理想，培养职业操守，传播大国工匠精神？为此我努力将“立德树人”根本任务融入课程教学，基于中国古建筑传递的智慧与文化、中国现代建筑采用的前沿技术、不同时期建筑事故的发生原因、各时代建筑设计蕴含的力学知识等思政点与工程造价专业内容相结合，以期激发学生的专业自豪感、民族自信心，锤炼品德修为，努力实现“传授知识”与“价值引领”协同育人。

二、要给学生一杯水，自己就得先有一桶水

教学是一项要求严格并涉及广泛的工作，每一节课既要有严谨的逻辑，又要有充实的内容，这就要求教师必须做好教学目标、内容、方法等多方面的设计。至今，我仍然清楚地记得我初上讲台时的紧张与惶恐，不知从何讲起，担心内容不够吸引学生，担心课讲完了下课时间还没到……看到讲台下那一双双渴求的目光，一张张专注的面容，我开始反思：为什么我这么慌张，我自己的水桶都没满，我又如何给学生水喝呢？

于是，我开始给自己“扩容”，已经记不清多少个夜晚，我在办公室里埋头备课，在网上搜集资料，拉住前辈们请教问题。而从入校到现在，我已经上遍了工程造价专业的基础课、核心课甚至选修课。我

深知要想讲好一堂课，绝不仅仅是讲得有意思，更要以内容为王，有思考、有探索、有拓展，在讲授知识的同时，必须要联系实际给学生带来所在学科最前沿的技术与动态，让学生有获得感。更应该时刻关注学生状态，及时调整教学策略，以便最大限度地保证教学质量。

教育是知识的构建与生成的过程，是师生为了未来而共同奋斗的过程。对此我不敢有丝毫的懈怠，终身学习是我追求的职业道德理念。我没有停下参加培训的脚步，不断学习先进的教学理念和教学方法，关注着本学科最新的理论成果和发展动态，将理论研究和实际教学相结合，让我慢慢从一名教书匠转变为教育工作者。我将我所知的全部教给学生们，因为我要对得起那些渴望知识的眼睛、那些对我如此信任的心灵。“路漫漫其修远兮，吾将上下而求索。”

三、“以赛促教”从来不只是一句口号

2015 年开始，我带领学生参加各级别技能竞赛并取得优异的成绩，几年指导大赛的经历让我的专业技能得到了很大的提升。为更好地提高自己的教学水平，我在 2019 年和 2020 年作为团队主讲老师与我的伙伴们参加了山东省职业院校教学能力大赛，连续两年获得二等奖。2021 年参加了山东省青年教师教学比赛，终获一等奖。

从开始准备到站到赛场，在专家老师的帮助下，在并肩作战的良师益友的鼓励下，时间过得飞快。备赛的忙碌和辛苦烦琐，现在回想，留下的是对教学工作满满的推进和助力。不仅有对课程体系的重新整合，还有对课程框架的反复琢磨，更有对讲授方法的反思与改进。非常感谢青教赛为我们青年教师搭建了一个磨炼教学技能和方法的平台，提供了一个展示教学理念和效果的舞台，更搭建了一个提升教学实效和水平的擂台，在比赛中学到的先进教学理论、技巧、方法和经验也让我受益终身。

首先，备赛参赛离不开集体的智慧与努力。为备战本次青教赛，学院组建备赛工作领导小组、专家指导组、支持保障组、心理辅导组，

全力支持、全力保障。备赛期间，我们酒店工程学院的同事无私地给我提供教学素材、启发教学思路、讨论教学内容；二级学院领导不吝时间、精力为我指点迷津；由教务处处长和各学院有丰富经验的教师组成的指导团队，定期为我打磨指导；学院领导多次莅临指导，给予各种帮助和支持，并为我们组织多次模拟演练。记得比赛当天，抽到了第一节段，这是20个节段中技术含量相对较低的一个，也是最不容易出彩的节段。面对如此不利的“战场”，我暗示自己每一个环节集体都做到了最好，轮到我上战场了，不能掉链子。集体是压力，是动力，更是底气。我克服了紧张，走上了战场，成绩也如我所愿。

其次，青教赛让我真正理解“以赛促教”。教学竞赛中的教学表达是教学理念的升华与凝练，需要在参赛的锤炼过程中突破教学瓶颈。从专业修养到科学素养，从授课艺术到驾驭能力，从个人魅力到仪态仪表等，要在短短的20分钟内展示出来，这是磨砺自我和超越自我的过程。

大赛准备期间，在教务处的精心组织下，我系统学习了教学设计、课件制作等知识，弥补了教学技能短板。参与青教赛，我开始沉下心来认真钻研一门课程，对教材做了进一步的梳理，并查阅了大量文献，提升了教学内容的质量。在备赛过程中，领导专家的指点和教导使得我的教学思想、教学技能大幅提升。备赛过程中对教学设计和课件的精心打磨、对教学的深入研究与反思都对我的教学能力产生极大的促进，所思所想所得回馈到课堂的每一个环节，让我在日常教学中更加得心应手，提高了课堂教学质量，也让学生获得了更好的学习效果。

“台上一分钟，台下十年功。”教学比赛体现的绝不仅是为了比赛“突击式”准备的效果，更多的还是要靠日常教学的积淀。青教赛的教学模式与课堂教学的契合十分重要，在教学内容选择上要扬长避短、难易适当；在课件编排上要强调专业性，重视美观性，凸显设计性；在教案设计上要参照评分细则设计，体现认真仔细的态度，凸显自己的风格特点；教学反思要针对教学实践，褒贬得当。此外，要设计好课程讲解的内容，多做练习，邀请听众提出改善意见，克服自身教学过程中的明显短板。

最后，就是坚持再坚持。投入大量时间反复打磨练习，这也得益于学校开展的“混合式”教学，让我在赛前有完整的一个月时间来备赛。正所谓不疯“磨”不成活，而越是打磨到后期，越是清晰地知晓自己认知的限度，教学表达受限于自身理论积淀不足，没办法在教学表达上深入浅出。教遍专业课，有优势也有劣势，对参赛课程的深层次理论并未完全理解透彻，而这一认识让我的备赛过程充满痛苦，没有别的办法，只能潜心钻研，吃透文献。这个痛苦的过程，也正是突破自我的过程。习近平总书记曾多次引用“志不求易者成，事不避难者进”，只有在崎岖路上不畏险阻的攀登者，才有希望到达光辉的顶点。

教学之路没有终点。作为老师，注重人才培养、提升教学技能，是我们需要修练一辈子的本领，更是一份我们需要用一生来完成的教育答卷。在以后的工作中，我会把教学当作一种使命，胸怀赤诚，坚守初心，在三尺讲台上书写最美的芳华。

作者简介

于巾茹，女，1988 年生，硕士，青岛酒店管理职业技术学院专职教师、讲师。先后获得 2015 年第十四届山东省大学生科技文化节建筑信息模型技能大赛、第八届全国 BIM 算量大赛总决赛一等奖优秀指导教师，2016 年第三届全国“鲁班杯”建筑工程识图技能竞赛特等奖优秀指导教师，2019 年山东省职业院校教学能力大赛二等奖，2020 年山东省职业院校教学能力大赛二等奖，2021 年山东省第八届“超星杯”高校青年教师教学比赛一等奖。发表论文 10 余篇。

以赛促教筑成长　磨砺教学基本功

徐　红

在信息时代做好老师，自己所知道的必须大大超过要教给学生的范围，不仅要有胜任教学的专业知识，还要有广博的通用知识和宽阔的胸怀视野。好老师还应该是智慧型的老师，具备学习、处世、生活、育人的智慧，既授人以鱼，又授人以渔，能够在各个方面给学生以帮助和指导。

——习近平

年华似水，岁月飞逝，回首相视，竟已在教育这个行业里耕耘了六个年头。回首过往，感悟颇多，栉风沐雨，不忘初心，砥砺前行，唯有坚持不懈，方能谱写教师职业新篇章。

“学高为师，身正为范。”教师作为教学全过程的主导者、设计者和参与者，其专业水平对教学质量产生很大影响。青年教师作为高校教学的中坚力量，是课堂教学的主力军和未来人才培养质量的主力军，其教学能力、教学水平及教学素养等方面的提高直接关系着人才培养质量，而山东省青年教师教学比赛是青年教师快速提升教学能力的有效途径之一。

一、青教赛促成长

（一）开弓没有回头箭，万事开头难

坦白说，由于刚到校不久，我并不想参加比赛，不愿走出自己的“舒适圈”而承担比赛的压力。随着省里抽签确定我参赛，才开始积极迎接挑战，带着锻炼自己、学习先进的想法开启了青教赛的漫漫征途。我参赛的课程是“液压与气动技术”，理论性和专业性极强，需要从工程生产实际案例入手，而且要保证每一个阶段都要具备严密性、逻辑性和完整性，既要讲出深度，又要讲出广度，既要给学生传播知识，又要激发学生的兴趣，并时刻牢记以学生为中心的教学理念，开始准备各种材料。

省初赛时，需要录制 45 分钟的课堂教学，既要保证知识的严密性、逻辑性和完整性，又要熟练运用现代化信息教学手段将知识和技能点进行深入浅出、由表及里、由浅入深的教学展示，还要进行必要的板书设计及精准的时间控制，同时也要乐于尝鲜，打破常规，追踪科技前沿，更新教学理念和课程知识，创新教学方式，以便提高学生的学习兴趣。为了寻找合适的素材，从早上 7 点一直忙到晚上 10 点，一遍遍推敲，一遍遍修改，录制完成之后，请校内专家指出其中的问题和不足，逐步完善，顺利进入复赛。初赛的顺利晋级，为后边的工作打下了坚定的基础。

（二）宝剑锋从磨砺出，梅花香自苦寒来

在复赛阶段，要从 20 个教学节段中随机抽取一个进行现场展示的赛制，就是旨在确保参赛教师把每一节课都打磨到极致，任意一段课程都要精彩纷呈，而不是只讲好一堂课。

“液压与气动技术”这门课程理论性和专业性极强，挖掘知识点是非常困难的，20 个教学节段的选取以及设计思路构思是重之中重，为此花费了大量的时间。知识点选出之后，如何将抽象的知识形象化？如何将概念的来龙去脉和运动过程呈现出来？如何运用信息化教学手段将知识和技能点进行深入浅出、由表及里、由浅入深的教学展示？这是我必须要攻克的难关。

为了磨课，每天从早到晚都泡在录播室或办公室里。通过大量搜集资料并与其他资深老师探讨，终于确定了以实际生产案例与理论知识相结合的方式进行教学设计。本着工学结合的原则，让学生“学懂、弄通、会用、创新”，以培养学生的职业技能为目标，以“案例引入→提出疑问→原理解析→动手实践→解答疑惑→能力提升”为主线，开展教学。有了这个思路，顿感豁然开朗。有了思路，立马行动，慢慢心中也有数了，也渐渐缓解了焦虑，顺利完成了20个教学节段的所有资料。

4月24日，在烟台大学参加复赛的时候，我抽到的节段是“直动式减压阀”，这是一个熟悉而又陌生的节段。因为太熟悉，反倒平时没怎么训练，只是讲了一次，所以授课时略显陌生，好在发挥得正常，顺利晋级决赛。这一次的教训极为深刻：任何一个节段都必须好好练习，马虎不得！

在决赛前的20多天时间里，我又重新修改完善了PPT，就连字体、标点都不放过，并全部完成了讲稿，但是时间有限，自己练习的时间太短了，这是非常遗憾的。5月29日，在山东大学参加青教赛决赛的时候，我抽到的节段是“液控单向阀”，这个节段不是最拿手的，但也不是最棘手的，怀着忐忑与不安走上了比赛场，但是一旦开始比赛，很快就会全身心投入，最终获得山东省第八届高校青年教师教学比赛二等奖。

总的来说，半年多的时间，经历六轮比赛、数十次录课试讲、教学设计的反复修改，说实话，真的很累，但我的心理素质、反应能力、临场发挥能力都得到了锻炼和提升。

（三）青教赛的收获和提高

在备赛的这段时间里，为了备赛，几乎没有休息日；为了备赛，真是到了一种“披星戴月”的状态。我告诉自己，既然选择了远方，便只顾风雨兼程。只管努力,剩下的交给时间,因为机遇只青睐有准备的人。对于此次比赛能否获奖,我看得比较开:得之淡然,失之泰然,争其必然,顺其自然。因为无论结果如何,我都将是最大的受益者。既然付出了,就尽力而为,唯有如此,才能问心无愧。

在准备 20 个教学节段的过程中,我认真翻阅了办公室及图书馆中关于液压方面的所有资料,梳理了本课程的知识框架和内在联系,为 20 个教学节段的选取、重难点的准确把握提供了很大的帮助。在备赛过程中,进一步理清了每节课的教学目标,理顺了教学思路,运用了多种教学方式,拓宽了液压与气压传动这门课的应用范围。在备课过程中,以工程实际案例为载体,积极创设有效的教学情境,注重学生参与课堂训练,把思政内容融入课堂教学之中,从而避免了灌输式教学。通过参加比赛,我更加坚信:知识点是挖出来的,好课是磨出来的。常挖常有,常磨常新,这是我最直观的感受。

"亲其师而信其道。"在比赛的过程中,参赛者的肢体语言运用要合理恰当,教态自然大方,着装整洁得体,精神饱满,亲和力强。对于学生而言,有了愿意倾听知识的渴望,学习效率、课堂互动、学术氛围更加浓郁。对于此次教学比赛而言,这样的教学艺术也是出成绩的一个重要影响因素。

二、提升教学基本功

一年一次的高校青年教师教学比赛显著提高了青年教师的教学能力,对青年教师队伍建设有着明显的促进作用,这从参加了学校和省级选手的表现中也能体现出来。

(一)教学更有激情与动力

在青教赛这个舞台上只有短短的 20 分钟,加上教学反思不超过 23 分钟。教学比赛不是"作秀",因为这 20 分钟需要现场展示完整的教学环节,这的确很考验参赛者的基本功和临时应变能力,展示参赛者长期积淀的内在气质和人格魅力。课堂教学既是技术,也是艺术。

青年教师比赛有别于日常课堂教学，既要保证每个教学阶段的完整性、逻辑性及新颖性，又要避免过分注重“炫酷”而忽视知识点，偏离教学课堂的本质。

山东高校青年教师教学比赛档次高、难度大，比赛全省瞩目，能进入省赛的参赛者都是经过学校的层层选拔推选出来的，他们更能体会到“台上一分钟，台下十年功”“没有最好只有更好”等道理。为了学校荣誉，必定上下同心，积极备战，教师们会获得一种积极向上的精神力量，以更大的热情投身于教学活动中。而教师教课的热情又会激发学生学习的热情，反过来学生学习的热情更加激发教师教课的热情，教学相长，形成一种良性循环。

(二)教学水平得到提升

山东省高校青年教师教学比赛参赛者一般历经系内初赛、学院决赛、省初赛、省复赛、省决赛，赛期可达 7 个月乃至 9 个月。在漫长而紧张的比赛过程中，青年教师得到的锻炼是全方位的。这些锻炼包括对教材的整体把握、重难点的分析、教案的撰写、课堂教学的组织与驾驭能力、多媒体的设计与运用等。

青教赛对我个人提高教学能力及磨练心态、修炼心性也是一次很好的锻炼机会。通过参加青教赛，增长了见识，开阔了视野，收获了新知，得到了成长。通过此次比赛，我也发现了自己的诸多短板和不足，如对上课时间的精准把握能力还有待提升，对板书的重视程度还不够，等等。课堂教学没有最好，只有更好。学无止境，教也无止境。

在比赛中不断观摩其他教师的表现，近距离、情景式的体验与学习产生了积极的效应，实现了自我成长和自我完善。通过参加此次比赛，受益最大的是自己，让我看到了自己的教学能量和潜力，增强了课堂掌控力和自信力，也磨练了自己的意志力和抗压能力，更提升了作为一名教师的幸福感和获得感。

(三)提供了相互切磋的良好平台

教师的教学能力能通过教学比赛得到充分的展现,教学价值得以彰显。同时,教学比赛也是一个不断反省自察的过程,积极查找不足,变弱为强,全面提高能力,脱颖而出的选手成为青年教师学习的榜样。

因为比赛,我有幸通过网络视频观摩学习往届国赛和省赛优秀选手的授课,也有幸与其他院校的老师进行深入交流,这些都是我参加青教赛的巨大收获。非常感谢有这样一次难得的学习、观摩和交流的机会。

通过此次教学比赛的磨练,我的内在潜力得以挖掘,也积累了一定的经验,自信心增强,实现了从最开始的站上讲台到站好讲台的转换,也为在今后的工作中不断提高自己的教学水平奠定了坚实的基础。

三、今后教育教学的反思

(一)增强专业发展自觉意识,改善学习态度

教师专业发展的自觉意识和学习态度是青年教师专业发展的根本动力。首先,高校青年教师要有专业发展的自觉意识。在平时工作过程中,积极主动参与教学活动和科研活动,拓展自己的学术视野,激发自己的教学热情,提升自己教研相融的专业能力。其次,高校青年教师要有职业发展的自觉意识。积极参与院系举办的听课评课活动、教研组活动、课题专题活动,不断提升教学设计技能和课堂教学技能;认真对待同仁、前辈、学生的听课反馈,积极改进教学方法,不断学习新知识,更新教学理念。最后,要充分利用新媒体技术的多种信息化手段,关注时事动态,拓宽自己专业发展路径,善于将自身的教学心得和教学经验转化为学术研究成果,实现教与研的融合,推进专业发展和职业发展全面协调。

(二)积极主动参加各种竞赛

对于职业院校而言,教学质量的好坏体现在所培养的学生身上,而技能大赛的开展促进了学生职业技能的发展。通过参加本次教学

大赛,希望以后在教学中多与学生大赛相结合,实现理实一体化,使学生既有一定的理论基础又具备较高的技能水平。

第一,积极参与各种职业技能竞赛。技能竞赛的内容一般源于真实工作岗位的需求,高校青年教师通过参与技能大赛能够接触到企业工程的实践案例,提高实践能力,而职业技能竞赛又进一步丰富了教学内容,有助于教学水平的提高,为积极开展产学研一体化教学奠定基础。第二,充分利用校企合作优势。近年来,职业院校大力发展校企合作,借助这个机会和平台,青年教师可以参与校企合作环节,跟随企业师傅学习企业工程实践的具体内容,进入企业进行挂职锻炼,真正掌握企业所需的技能,通过学习,尽快成长为技能水平过硬的专业教师,使自身所教与企业所需真正联系起来,进一步调整教学内容,使所教内容更贴近生产实际需求。

(三)积极努力,刻苦钻研,提升赛后常态课堂教学

山东省组织高校青年教师教学比赛的最终目的不是赛出名次、选出优秀,而是锻炼广大青年教师的教学能力,提高他们的讲课水平。因此,比赛结束后更应该总结比赛经验,查漏补缺,将比赛的优秀成果和经验融入日常的教学工作中。

在青年教师比赛的舞台上,不仅要看教师的表现,还要看学生的反应情况,以及学生的积极性,所以高校青年教师必须时刻关注学生情况。山东省高校青年教师教学比赛可以发挥青年教师年轻的优势,弥补缺少的经验,专业素质和职业道德素质等各方面的素质都可以在比赛中展示和学习,可供广大青年教师学习和借鉴,更好地从事日常教学工作。

“雄关漫道真如铁,而今迈步从头越。”比赛结束,回归课堂。我会继续打磨好每一堂课,尝试多元化的教学手段,让踏踏实实的教学成为新常态。只有不忘初心,且行且珍惜三尺讲台。三尺小讲台,人生大舞台。因为热爱,所以精彩!

感谢青教赛!

个人简介

徐红，女，硕士，山东信息职业技术学校讲师。主要从事机电一体化研究。主持山东省科研项目1项，发表论文4篇。获山东省第八届高校青年教师教学比赛二等奖。

“以赛促优”青年教师成长体会

毕莹莹

青年教师作为学校教育教学的主力军，在高职院校中为国家的教育现代化和教育强国战略实施提供了有力支撑，为国家的高素质技能型人才培养起到积极推动作用。作为一名中青年教师，通过学校的全面培养和自身的不断努力，我在教育和教学工作中取得了一定的成绩，特别是通过参加山东省高校青年教师教学比赛，我的教学能力得到大幅度提高，学生的培养质量得到了提升，课程建设取得新成效。

一、以青教赛为契机，促进教师教学能力提升

青教赛的实质是加强高校教师的师德师风建设，考核青年教师在日常教学中的教学基本功，教学能力的高低直接影响比赛结果。对于高职院校的老师来说，首先要提升的是自身的教学设计能力、教学组织能力、教学实施能力和课堂教学能力。

（一）教学设计能力提升

教学设计能力是提升教学能力的先决条件。想讲好课程首先应明确专业人才培养方案中教学课程体系的设置要求、课程的前期调

研、社会需求及专业岗位分析，做好一门课的整体教学设计，完成课程定位、课程目标、课程内容、课程评价方法等全面教学设计。同时，教师在每次授课前还需要针对学生的实际情况做好学情分析、确定授课内容的重难点、明确课堂教学目标，分析及剪裁教材内容，合理借助信息化手段完善教学素材，合理应用板书辅助作用，等等，对教学各环节（课前、课堂、课后）的教学内容进行课堂教学设计，做好课前教学方案。

（二）教学组织能力与教学实施能力提升

教学组织能力与教学实施能力是提升教学能力的根本保障。即使教学设计再好，如果教师不具备教学组织与实施的能力，教学成效就将无法落地。教师是教学活动的引导者，需做好在教学实施中对学生的课堂全过程组织与管理工作。课前组织学生合理分组，借助课程平台提供教学参考资料活动指导书等有目的性的完成课前准备任务；课中是教学重点，教师根据教学设计方案环节及内容在教学过程中进行实施，特别注意教学内容的巧妙引入、学生活动的灵活引导、学习积极性和主动性的多手段激发，提高课堂效率；课后通过线下实践指导和线上交流互动等方式做好知识的巩固与拓展。重点做法是在教学实践中确立学生主体地位，尊重学生，关注学生的个性差异，让学生通过体验获得知识，引导学生进行“自主探索，合作交流”的学习方式，提高学生学习参与度与积极性。特别是对教学过程的开放性组织，包括教学时间开放、教学内容开放、教学方法开放和教学环境开放等。

（三）课堂教学能力提升

课堂教学能力是提升教学能力的必备条件。课堂是教师教学的主渠道，教师不仅要具备教学设计能力、教学组织能力、教学实施能力，更需要具备课堂教学全过程的驾驭能力，保持良好的语言、教态及教学特色，从教学需要出发，能够对学生表现细心观察，善于交流，对课堂问题及时准确反馈，适时适当地调整教学内容和教学手段。

根据课堂教学内容确定教学方式，对学生的问题及信息能够及时准确反馈，从而确保课堂教学顺利进行。

二、以青教赛为平台，促进教育教学方法改革

青教赛是课堂现场的模拟展示，随着比赛标准的不断完善和发展，对课堂教学的要求越来越高，特别是对课堂教学方法改革提出了更高的要求。只有不断推进课堂改造，善用教学方法，才能实现教学水平的全面提升。教学方法是教学实施过程中的一个重要环节，是提高学生学习兴趣、提高教学效果的重要手段，特别是高职课堂上更应该强调教学方法。结合课程的特点，教师可以重点从灵活多变的教学方法和信息化的教学手段出发，探索提高课堂效率的途径。

课堂是教师教学的主渠道，“能站上讲台的教师，是合格教师；能站稳讲台的教师，是骨干教师；能站好讲台的教师，是专家型教师”。想要做专家型教师，课堂改革是每一位老师的必经之路，积极探索课堂中的教学方式方法，切实以学生为中心，通过调研、定位、设计、引导、实施、评价及反馈，充分发挥学生主观能动性，从而实现学生对专业知识和技能的灵活运用，并开拓思维，由点及面，具备解决实际问题的能力。与教学团队共同实施灵活多样教学组织形式，实现课堂的高效运行。在教学方法上尽量实现三方面的融合，第一，理论教学与实践教学的融合，通过任务驱动法引导学生参与感兴趣的专业人物和专业工程等展示，来形成专业的品牌特色；第二，课内实践与课外实践的融合，采用项目式的教学方法，带领学生从专业安全和身边专业案例出发，观察、学习、分析课上教学内容与实际生活工作的关联性，实现课内外的有效衔接；第三，线上教学与线下教学的融合，根据课程性质可进行多元化开发，创新构建理、虚、实一体化的信息化教学环境，通过虚拟仿真平台、信息资源将教学过程划分为课前、课中、课后、拓展四个模块，每个模块配置导学图和学习指导书，满足学生的个性化学习需求。在课堂中创建以课程平台为基础，以学生全

员参与为重点，以教师全过程合理引导为关键，以师生全方位互动为核心，重点做好课程的评价与反思。具体课程教学模式如图 2-1 所示。

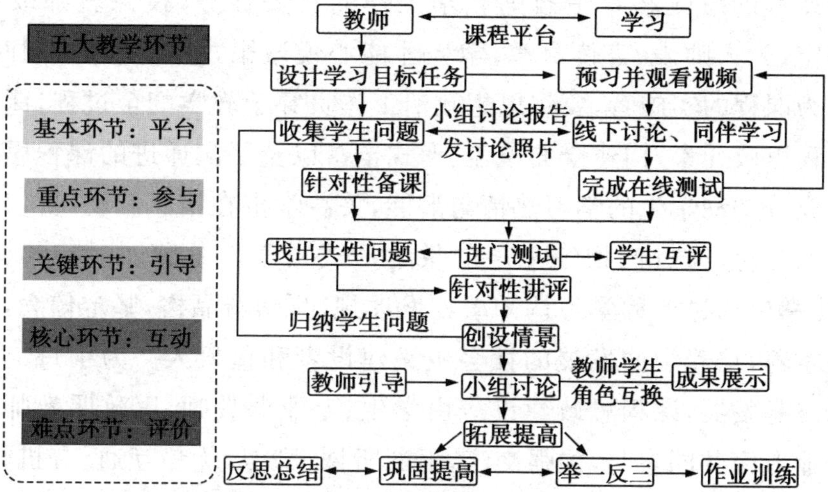

图 2-1　课程教学模式

三、以青教赛为引领，促进课程全面建设开发

课程建设是教师教学的主战场，青教赛对课程建设起到了推动作用。教师既是课程的执行者，又是课程的建构者和实施者，比赛节段来自所有的课程章节，教师对课程的把握能力关系到教师实施课程的效果，对课程的执行能力决定了学生的发展，所以只有以全面的课程建设为依托，外加青年教师们良好的教学素养，开展教育教学，才有机会获得好的成绩。课程建设是促进专业发展的重要因素，职业教育课程具有岗位针对性强、对社会需求反应快、注重实践能力培养等特点。无论是基础课还是专业课，教师都应当根据专业培养方向的差别和地域差异等实际区别，分析社会需求和专业岗位能力对所教授的课程重点做好教学内容的重新整理与重新架构，并发挥思

政课程与课程思政协同建设、协同育人功能。

(一)课程思政建设

高职院校教师培养的是为国家服务的技能型人才,更是要为国家培养有德之人,课程教学是育人和育才相统一的过程。所以对于专业课程的思政教育是教师教学工作的首要任务,授课教师政治立场坚定、为人师表、言传身教,学生才能心悦诚服,甘于受教。同时,教师作为课程的实施者,要将思想政治工作贯穿于教学的全过程,深入挖掘课程思政元素,构建全面覆盖、形式丰富以及层次递进的课程思政体系。充分调动学生的学习热情与潜能,关注学生在情感波动、价值倾向方面的变化,通过润物细无声的教学形式与学生共感、共情、共振、共鸣,让学生通过课程学习认知事物发展规律,塑造品格,坚定信念,提高职业素养,培养全面发展的社会主义建设者和接班人。为了每一个学生的终身发展,课程思政建设应由学生、专业课教师、思政课教师及行业企业专家共同参与,加强交流,不断听课、磨课,优势互通,有机合作,才能发挥课程的协同、系统、高效育人的教育功能。

(二)课程内容的开发与重构

在全面教学改革的基础上,课程建设首先应做好顶层设计,构建符合学生与专业行业发展的课程内容体系,特别是具有专业特点的课程,在建设中应注重课程内容的职业化开发,教学内容基于工作过程,教学案例尽量来自企业及工作第一线,进行工作过程导向和实践导向的课程开发。教师在课程建设过程中首先要明确自己所教授学生的专业人才培养方案的培养目标、所讲授课程在课程体系中的地位及前后联系、专业岗位对课程教学中学生的能力培养需求,进而完成课程目标确定、课程内容梳理、课程资源开发、课程教学实施、课程效果评价和核心素养落地等,最后在反复的实践和反思中不断优化教学方式方法,提高教学质量,课程教学中既使学生打下了扎实的理论功底,又锻炼了学生的实践能力,从而达到培养高素质技能型应用人才的需求。

以我所讲授的"建筑构造"课程为例,课程不仅要为专业培养服务,也要成为重要的人文素养课程,将思想政治教育贯穿教学的全过程,在立德树人的根本任务下,注重在"授业"中"传道","化理论为道德"。例如,在我所讲授的"建筑构造"课程中,我将课程内容整合成了三大模块:第一个模块——溯源,通过建筑发展过程中的材料、结构、技巧等中国建筑特色,使学生在了解中国建筑的构成要素与建造原则,在学习中实现文化自觉;第二个模块——传习,通过线上线下的混合式教学方式,让学生掌握建筑构造的组成、特点、做法与原理,传习建筑技能技法,传习建筑工匠精神,传习建筑特色文化,在传习的过程中来增强学生的文化自信;第三个模块——立新,对于学生来说承习建筑的建造传统很重要,发展创新更是新时代赋予学生的使命,在课程中我们引导学生聚焦国家绿色建筑发展理念、提高建筑质量和安全生产,扎根建筑工程人员对建筑技术的创新创作热情,从而实现文化自强的理想目标。具体如图 3-1 所示。

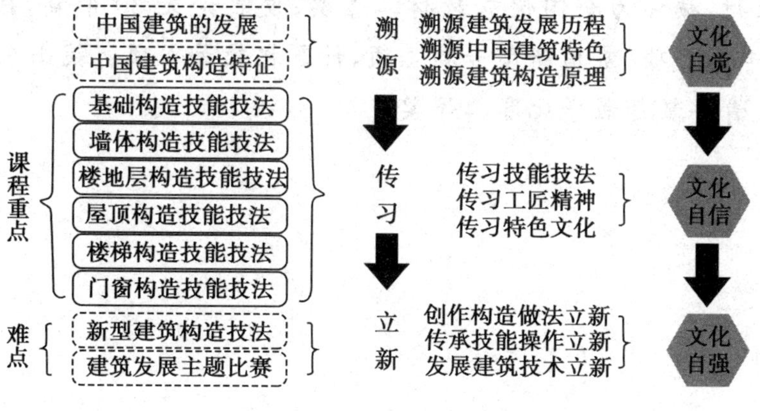

图 3-1 课程内容重构与课程思政设计

百年大计,教育为本。教育大计,教师为本。青年教师作为教育教学的中坚力量,要有适应新时代教育转变的能力,应对教育改革的新常态,要有新状态、新定位、新思路,我们更要以青教赛为契机,紧跟教育教学发展需求，转变教育教学观念，实现以赛促教、以赛促学、以赛促改、以赛促建，努力实现“中国特色、世界水平的现代教育”的远大目标。

个人简介

毕莹莹，女，1983年出生，工程硕士，在读博士，山东工业职业学院副教授，主要从事建筑工程相关专业教育教学工作。主持山东省高等学校科研发展计划项目课题一项，山东省教育科学“十二五”规划课题一项；在国家专业资源库“建筑钢结构工程技术”专业建设中参建“建筑法规”课程，山东省首届精品资源共享课，山东省社区优质课程、山东省等多门国家和省级课程教学改革建设；主编、副主编教材10余本，其中副主编《建筑力学》教材入选为“十三五”职业教育国家规划教材，被评为全国优秀教材二等奖；发表论文20余篇，核心2篇；发明专利2项，实用新型专利4项，计算机软著4项。获山东省第七届高校青年教师教学比赛二等奖。

心之所向，素履以往

——以用户思维看教学设计

王式晔

曾经我立志，永远不要做老师，要成为一名我热爱的“营销策划人”。但在过去的六年里，这个职业不仅没有磨灭我原本对于“营销”的热情，还用它深深的魅力吸引着我，无限放大了心中热爱能带给我的一切。

这些都源于一个想法：假如把课程看作一个产品，那么该如何设计、开发与管理，才能更好地满足用户（学习者）的需求？

一、这个课堂怎么了？

做老师之初，印象中的课堂是学生有着求知若渴的心，老师负着传道授业的责，课堂严肃活泼，教学相长。然而，我们不得不面对的，却是另外一番景象。

互联网和信息技术的发展，给我们的生活带来了翻天覆地的变化，同时带来的还有学习方式的变化。手机成为日常必不可少的一部分，除了必要的联络功能之外，各种多样的 App 不断满足了人们各层次的需求，尤其是游戏，拉近了虚拟世界中人们之间的距离。新鲜刺激总能让玩家一次次从中获得虚拟的成就感，玩到兴头处，马斯洛所定义的“自我实现”的错觉也占据了内心。正是有了这样的乐趣和体验，课堂再也不是一个“无聊乏味”的地方，只要拥有一部手机，即使早起到教室上课也不再是“难题”，只是换了一个地方“快乐”而已，低着头就行。或者是睡觉。隐形的逃课伴随着“春困秋乏夏打盹冬眠”的四季变换，伴随着课堂“白噪音”的睡眠，质量变得格外好。

这个课堂，它到底怎么了？

这个现象被2010年MIT、麻省中心医院和哈佛大学研究人员联合发表了一篇关于研究穿戴式皮肤电信号进行脑电波检测的研究文章证实。科研人员对学生进行24/7的脑波监控，以此判断哪些活动让脑电波更活跃，结果如图1-1所示。

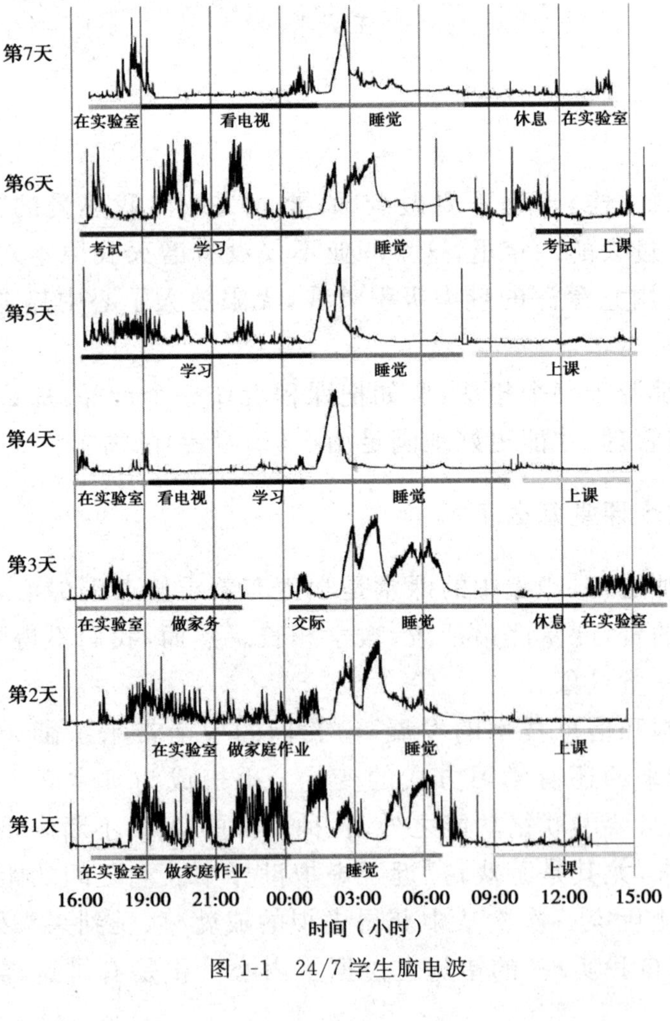

图1-1　24/7学生脑电波

通过数据可以看出，学生在“上课”时的脑电波是最平稳的，和“看电视”时相差不大，甚至比不上睡眠时的活跃程度。也就是说，在“上课”和“看电视”时段的大脑，是不进行任何思考活动的。明明是满载知识的课堂，为什么抵不过游戏虚无的获得感？传授知识明明是一种双向的沟通，是多方参与的过程，什么时候成了老师一个人的独角戏？

二、以用户为中心的教学改革

一个人表演的讲台始终是孤独的。课堂到底该如何改变才能打破现在的僵局？通过向前辈们学习，我尝试结合自己的经历和经验进行一些教学的改革。

以我讲授的“国际市场营销”课程为例，除了讲授书本的理论内容之外，基于自己的海外经历，为课程加入一些有意思的案例、小故事或者富有趣味的短视频，提升课堂的吸引力。有效，但持续的时间并不很长。与此同时，又产生了新的问题：学生记住的“笑话”比老师讲的正经知识更多，记得也更牢固。也正是因为如此，我突然有一个大胆的想法：课程无法引起学生高涨的情绪和关注，是不是因为没有满足他们的需求？如果改用商业化的思维来审视我们的课程，假如课程是产品，那么学生就是用户，本着“用户就是上帝”的宗旨，我们就要以用户为中心，打造满足他们需求的“产品”。

于是我开始重新研究专业人培目标、课程大纲和教学内容。通过与学生沟通，了解学生对课程以及其所支撑的专业能力的需求。在同事和领导们的支持下，2017 年我完成了第一个教改课题“国际营销课程双语教学改革探索与实践”。通过专业课的教学，辅助课程内容，为学生提供实用的语言技巧，学生开始觉得这是一门有用的课程，不仅学习专业知识，还可以在语言能力方面得到提升。同时，借助超星学习通等信息化平台设计课堂的互动，手机开始变成辅助教学的工具，课上的抬头率明显提高。

三、基于用户思维的教学设计

经过一届学生的课堂教学改革，我积累了一些经验，收获的同时也看到了很多不足。在这期间，通过参加多种交流培训接触到了对分课堂、翻转课堂、BOPPPS、五星教学法等新鲜、有趣、高效的教学方法。我也开始由简单的用户中心，转向使用用户思维来做教学设计。

所谓"用户思维"就是指要把"以用户为中心"融入价值链各个环节，切实围绕用户考虑问题。在用户思维下，"客户就是上帝"的理念已经过时，我们要转而把用户当成"女朋友"。假设"女朋友永远都是对的"，你要不断揣测她的心思，她想不到的你要替她想到，她需要什么，什么时候需要……也就表明，我们要与用户建立持久的关系，让用户参与到产品研发的各个环节，通过用户反馈数据，改进产品的设计，等等。

课程如何使用用户思维进行教学设计呢？简单的说就是"思考—行动—结果"。

（一）思考：更接近用户的思考

基于用户思维，要站在学生角度，更接近学生地去思考学生对课程的真正需求。也就需要对学情进行深入的分析。基于对营销专业大三年级的学生的调研发现：(1)学生已具备一定的专业能力，但在课程的学习过程中，由于部分认知的限制，导致其缺乏市场敏感度，对身边市场现象的探索、发现能力不足，不能更好地形成对所学内容的融会贯通；(2)对于永远"落后"于时代的商科课本内容来时，单纯的理论学习不能完全支撑学生实践能力的提升，通过课程的学习，学生更多地希望能够学以致用，通过实践展现自我优势，积累专业经验，对所学知识建立长期认知，进行成果转化；(3)作为商科学生，创新能力是他们想要通过学习提升的一项重要技能。

（二）行动：更高效的行动方式

基于以上对用户需求的思考，对于"国际市场营销"这门课，我又开始继续尝试转变教学方式，针对学生不断变化的需求，设计更多参与、更高效的课堂。

在之前的教学改革中，解决了学生的语言需求，即双语授课。随着时代的发展，学生更需要对于理论的应用能力。基于此，我又尝试使用了“项目式教学方法”，从行动出发，让简单的学习变成复杂的思考与产出。把模拟国际营销项目植入课程当中，拆解任务，团队协作，学生边学习理论，边研讨完善自己的项目，在学期末的时候进行路演展示（见图 3-1），打造沉浸式项目体验，虚拟融资。

学生通过项目的参与实施，不仅将所学原理落实到实践之中，通过不断的练习，还学会了规范的营销策划书撰写、路演技巧、PPT 制作技巧等多种综合能力。

图 3-1　学生的项目路演现场

用户思维是要学生参与课程“研发”，也就需要学生对课程的建设留下反馈。对于不足的地方，在下一期开课时则及时修正，持续改进。结合教育部的指导思想，通过学生课程学习的表现成果与反馈意见，我又基于培养学生思辨能力、创新思维和提升市场敏感度的不同培养目标，先后开发了三个自创课堂专题活动（见图 3-2），内容丰富有趣且保持前沿性。

图 3-2　三个自创课堂专题活动

教学设计要不断吸收新方法，并加以凝练和有机融入。利用张学新教授提出的对分课堂，通过并发展了适合自己课程需求的“三分钟对分讨论”。通过内化为先的讨论方式，课上讨论热烈，碰撞出许多意想不到的新想法与新方法。在讨论的同时，又进一步发现学生对于口头表达的能力有提升的需要。于是，配合基于麦肯锡“三分钟电梯演讲”的即时路演方法，鼓励学生在讨论之后使用精练的语言在2～3分钟内在课堂上发表自己的观点与想法。这样既将有限的课堂时间安排紧凑，又充分提升课堂参与率，锻炼了学生多方面的能力。

（三）结果：更优的输出结果

经过学习，近两年学生获得省部级以上专业学科竞赛奖励50余项。在专业组织的企业培训中，各企业导师也给予了积极的反馈，能够看到营销专业的学生在思维与表达上有明显的优势。

经过五年的积累，我有了自己的课程团队。2020年，“国际市场营销”课程被评为山东省一流线下课程；同年，为了满足学生泛在学习的需求，课程英文版完成在线课程建设，并在省课程联盟上线；满足课堂互动和质量监控而建设的超星辅助SPOC在线课程累计浏览量达14万次，互动1700余次。2021年，课程获批山东省思政课程示范课。我也凭借这门课在第八届山东省青年教师讲课比赛中获得一等奖，多次获得“优秀教师”等称号。开展了多场经验分享沙龙与教师交流培训活动，参与交流的教师同行达1000余人次。

四、从用户思维到流程管理

使用用户思维所做的教学设计与实施，确实取得了很大的成效。学生评教结果连续五年优秀。有时课堂学习讨论氛围热烈，有学生甚至说：别下课，再多上一节。那一刻，我觉得做教师，真的很值得。

与此同时，我也更相信前北京麦当劳公司营运经理章义伍所讲的流程管理：好公司用流程武装人才，是人才的训练场。同样，好课程，流程造。在这五年的教学改革中，从传统课堂到信息化协同，手机已经不是敌人，而是不可或缺的课堂教辅工具。这个工具本身的诱惑没有改变，在使用的过程中难免总会发生无法掌握的意外。于是，我就把章义伍先生的流程管理变通后应用到课堂管理上去，把手机作为课堂流程管理的一部分，让每位学生成为管理流程中的一环——课前让学生检查手机是否静音，然后交给自己旁边的小伙伴看管。如果在不需要的时候发生了玩手机的情况，那么看管人就要受到相应的“惩罚”，比如课后卫生清扫。这样的流程管理经过一段时间的实施，得到了学生的认可，不收取手机的管理方式可以给予学生足够的尊重，又能在课程需要的时候随时取到自己的手机。流程简单易接受，一套流程下来，课上的“低头族”几乎没有了。

六年的教师路，是学生促使我成长。在这期间，利用自己的专业视角优势，不断积累，不断思考，通过变通、创造、沉淀与设计，为学生提供更好的课程，在帮助学生成长的同时，也达成了自我实现。

教学中的用户思维，其实就是尊重，是踏实，是创新，是管理，是满满的爱和成就感。

心之所向，素履以往。

作者简介

王式晔，女，1986 年生，硕士，青岛黄海学院国际商学院数字商务系主任、讲师。获得第八届山东省青年教师教学比赛一等奖、第八届山东省民办高校青年教师教学比赛一等奖、第十届“外教社杯”全国高校外语教学大赛（大学英语组）山东赛区微课组一等奖；主讲的“国际市场营销”课程获 2020 年度山东省线下一流课程、山东省课程思政示范课。山东省教学成果奖二等奖 1 项，主持参与教改课题 5 项、横向课题 2 项，发表论文 6 篇；多次指导学生参加学科竞赛获国家级奖项。

教学是一场厚积薄发的修行

易巧巧

在写这一比赛总结时，我不断地回想着备赛以来的200多个日日夜夜，准确地说，是回首“影视文学”教学以来的六年时光。一直不知道怎么动笔，也在思索自己有什么经验可以分享给青年教师们，直到“厚积薄发”四个字出现在我的脑海。“博观而约取，厚积而薄发。”这虽然是一句古话，是苏轼阐述文人应有的治学之道，但我认为，放在日新月异的现代化高校教学中，它也是最真诚、最深刻的道理，它道出了教学“由量变到质变”的本质。

2021年4月，我参加了山东省首届高校教师教学创新大赛，有幸获得讲师组一等奖，在教学创新比赛中，我重点整理了课程设计理念、教学模式与方法、信息化教学手段的创新与实践。再结合这次第八届山东省青教赛近一年的备赛，对于教学内容与教学能力的打磨，我发现，“厚积薄发”是指引我教学工作的核心精神。接下来我将从四个方面阐述我的教学心得。

一、"厚"是对教师专业能力的要求

影视剧作人是综合了电影艺术与文学艺术的高端创意人才，而影视文化产业是信息时代发展速度最快的产业之一。基于综合性、应用型、高阶性影视文化人才培养的需求，"影视文学"这门课程也有了全新的定位：它早已不再是以往解说电影历史，辨析影视与文学关系的纯理论课程了，它是一门紧跟影视文化产业发展的新兴交叉课程。教师在教学内容上切不可局限于单本教材的安排，更不能沉浸在故纸中拾遗，而需要不断巩固学科理论知识，掌握行业动态资讯，探索前沿理论研究。我以这六年的"影视文学"教学积累下，将"影视文学"教学内容的厚度与教学案例的广度，综合为一个公式："主体知识＋行业知识＋前沿知识。"（见图 1-1）。

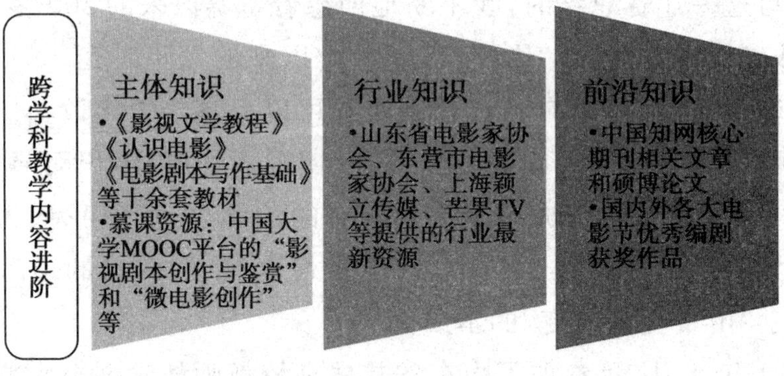

图 1-1 "影视文学"教学内容与教学案例的组成

首先，在课程主体内容上，我综合挑选了包含电影与文学，覆盖国内与国外，学科经典与学科前沿等共计十余本教材与著作，并综合了浙江大学、华侨大学等相关课程的慕课教学资源（见图 1-2）。

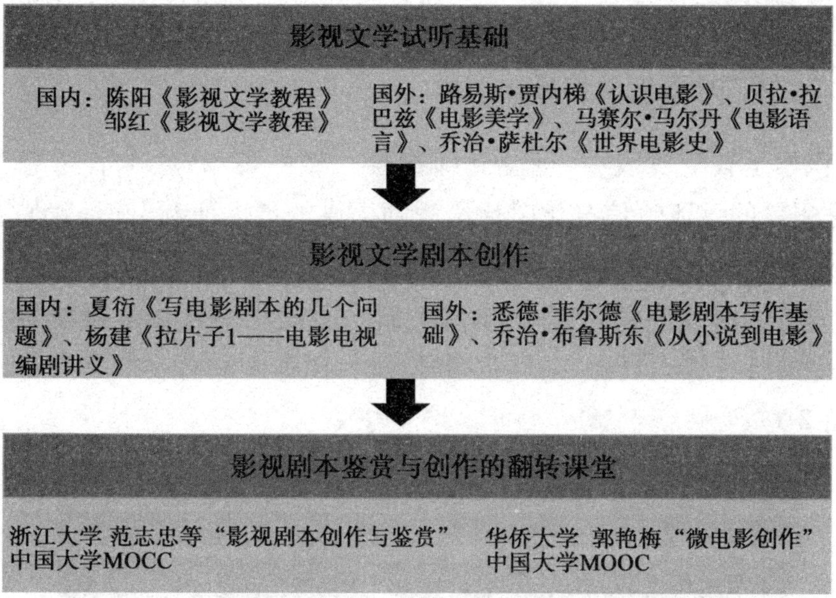

图 1-2　教学内容涉及的教材与慕课资源

其次，每一次备课，除了阅读教材与著作，笔者还会关注一些电影类专门网站、公众号、影视工作者社区对这一话题的热门讨论，遇到疑点难点，还会联系山东省电影家协会、东营市电影家协会的专家们，了解目前这一知识点的业内实践，同时还会下载并阅读核心期刊相关话题最新的论文与学术言论。再将这些行业应用与前沿理论研究融入课堂之中(见图 1-3)。

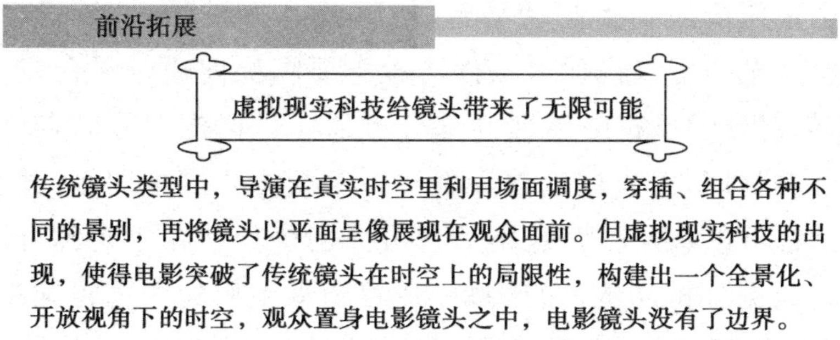

图 1-3　教学课件中对学科前沿动向的拓展介绍

学习是教师教学的前提，只有将书越读越厚，教案越备越厚，案例越攒越多，知识越教越新，教师的教学才能融会贯通、深入浅出。

二、“积”累要借助信息化手段

积累是教学实践中，每位老师都会去做的，我在这里着重想分享的，是积累的手段。信息化时代给教师提供的最大便利，就是我们有了一个超大容量，分区鲜明，甚至还有能帮助我们做最科学、最个性化的数据分析的网络平台。从开课以来，我一直使用信息化手段积累着教学过程的所有教学资源，主要包括智慧树、雨课堂和百度网盘三个平台(见图 2-1)。

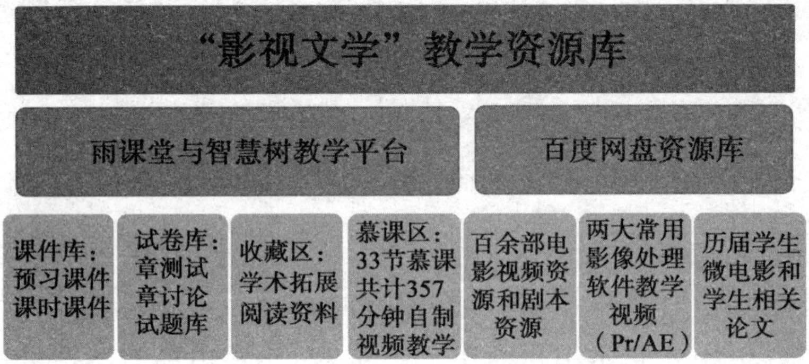

图 2-1 “影视文学”信息化教学资源库

首先，雨课堂、学习通、对分易这类的教学辅助工具的优势在于，它是一个很便捷的师生互动平台，能帮助老师照顾到每一位学生的学习效果。老师可以将预习课件与教学要求提前通过平台发送给学生；学生们对教学过程中不懂的部分可以通过标注问号向老师反馈；对于老师的提问，可以用投稿和发送弹幕的方式进行回答，甚至是无纸化测试都可以满足。而这类平台最大的优势还在于老师可以通过线上平台数据分析功能，知道每一道习题学生们的答题正确率，知道每一页 PPT 学生们的掌握情况，也可以与一些内向的学生通过平台进行话题的深入交流(见图 2-2)。

图 2-2　同学们通过雨课堂投稿功能发送问题答案

其次，智慧树是一个很好的搭建线上课程，实现线上线下混合式教学的平台，我们通过智慧树组建了“影视文学”线上课程，并已向山东省高等学校在线开放平台提交上线申请。

最后，百度网盘是为老师和学生提供了一个资源共享的学习平台。它的超大容量与分区共享功能，为影视文学海量的影视与剧本案例、历届学生拍摄的上百部微电影作品、影视类后期处理软件的学习视频等，提供了一个电子储存空间。

三、“薄”重在对教学内容的合理安排

老师通过多年的学习与备课的积累，有太多太多想要给学生们传输的知识、技能、思想与情感。但“影视文学”只是一门32课时的专业课，如何把教学内容从厚变薄，是最让我苦恼的。为此我确定了一条总的思路：紧密围绕“影视文学”的课程定位出发，来挑选教学知识点与技能点。“影视文学”课程定位为：以学生为中心，以成果为导向，做有深度有成效的“影视文学”应用型课堂。

在这一定位下，我删除了传统理论型影视文学课堂中大量的电影史学知识，以及抽象的影视审美概念，转而加入了视听语言、剧本

创作等更具应用特色的知识板块。在教学案例上，将许多教材中学生完全陌生的、过于陈旧的案例，转变成兼具艺术性、思想性和大众熟知度的电影案例及剧本案例。在每一堂课的教学安排上，知识介绍之后一定是伴随着知识的应用。比如，我在介绍完电影镜头运动理论后，就会结合学院的摄影摄像实验室资源，组织学生分小组进行镜头运动实验（见图 3-1）。学生们在拍摄实验中，去验证知识、应用知识，这远比老师对知识的灌输与重复来得有意义。

图 3-1 “影视文学”课程学生课下实验任务展示

“薄”的第二个思路，就是老师少输出，学生多表达。我们总是说要“以学生为中心”进行本科教学改革。那么，什么是“以学生为中心”？如何“以学生为中心”？“以学生为中心”在课堂教学上就是要改变教师中心主义的传统。本课程综合了 BOPPPS 教学模型和翻转课堂教学模式，通过教学实践和总结，最终形成了成熟流畅的轻中度翻转课堂教学模式（见图 3-2）。这一模式中，圆形环节是老师主导、学生参与，方形环节是学生主导、老师辅助，发挥学生主体性地位；讲测结合、讲议结合、讲练结合，教学活动都是由师生共同配合完成；同时，借助线上教学平台教学资源共享和教学数据分析，关注到每一位学生的学习情况和个性化需求。

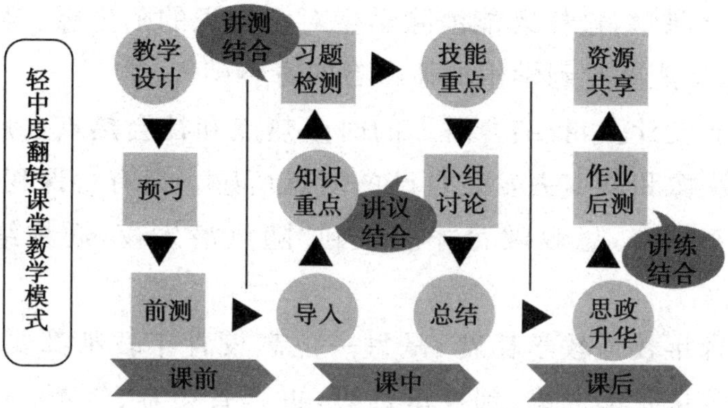

图 3-2　轻中度翻转课堂教学环节

四、“发”要讲究教学输出的方法与态度

我虽是在一个理工科院校教“影视文学”，但我认为这并不影响我与我的学生们对这门学科的热爱。电影是造梦的艺术，影视文学是梦的载体。在平淡的日子里，在单调的生活中，在可预见的未来下，当代大学生需要一个艺术空间，来承载他们青春的激情与丰富的想象，来带领他们感受善的触动与美的意境。“影视文学”教学过程应该是充满情感的，充满思辨的。“厚积薄发”，如果在教学输出的环节沉闷、刻板，那么再多的积累、再科学的教学内容安排，都无法有效地输出给学生们。

这里，我重点介绍一下课程思政的教学输出是如何设计的，如何让课程思政去提升“影视文学”的思想深度与情感厚度。

首先，在教学案例选择上，我除了影视作品的艺术水平，更看重其是否能带给学生关于人生、关于世界的思考，《我和我的祖国》《我不是药神》《美丽人生》《阿甘正传》《辛德勒的名单》《楚门的世界》等近五十部优秀影片，成为我教学案例的选择。

而在习题检测上，我们积累了往届学生团队创作和拍摄的近百部微电影作品，并将其中具有教育意义的优秀微电影以习题和案例的形式搬上课堂，这样既能消除学生对于知识的陌生感、对于写剧本的距离感，又能感受到学生群体特有的青春朝气。

在作业设计上，我结合时下的时政热点和社会热点去启发学生，让他们用影像和剧本去发表自己的所思所感。只有将课程思政与教学内容紧密结合，思政教育才能收到“随风潜入夜，润物细无声”的效果。

高校青年教师教学比赛，是每一位高校青年教师都要去挑战的一场赛事。从院里选拔，到校里选拔，再到省初赛、复赛、决赛，20 个教学节段、10 万多字的讲稿、400 多页的 PPT、200 多页教学设计、200 多个备课的日子……这一路是怎么坚持下来的呢？唯有热爱吧！教学是一场厚积薄发的修行，唯有热爱才能不懈追求。热爱学科，热爱课堂，热爱学生，把最真、最美、最善的影视文学艺术传递给学生们。

个人简介

易巧巧，女，1990 年 7 月出生，硕士，山东石油化工学院讲师、中文系副主任。主要从事影视文学、中国现当代文学等方面的教学与研究工作。曾荣获山东省 2021 年度普通高等学校教师教学创新大赛一等奖、山东省第八届“超星杯”高校青年教师教学比赛一等奖、山东省第十届青年微电影大赛一等奖、黄河口文艺奖二等奖、东营市社科联优秀成果奖优秀奖。作为第一指导老师指导国家级大学生创新训练项目两项。

沉淀自我，精准施教

郑　硕

一、选择三尺讲台，投身教育事业

2012年，我从杭州师范大学研究生毕业，在参加潍坊护理职业学院招聘考试的同时，也参加了老家济宁市一家三甲医院的招聘考试。两家单位面试通过的结果恰巧在同一天晚上公布，此时的我面临非常揪心的抉择。成为解除病痛、促进健康的白衣天使，还是成为像自己的爷爷、姥爷、姥姥一样的辛勤园丁？对于护理行业，我有太多的想法，我想通过做一名老师把所想、所得以及救死扶伤的道理传递给更多人，通过自己的力量带动更多热爱医学的人为社会贡献力量。因此，深思熟虑过后，带着对老师这份职业的憧憬迈入了潍坊护理职业学院的校门。

在此之前，我在医院实践过，在社区实践过，也组织过国内外学术会议，却从来没有站上过讲台，从来没有面对学生讲过课。当我第一次站在三尺讲台之上，看着学生一双双闪闪发光求知的眼睛，听着他们课上对问题激烈的讨论，我猛然发现，育人是一件如此有成就感和满足感的事情。下课铃响起时还惊喜地获得了他们的掌声，在讲授的第一节课上，我被这些可爱的、朴实的、热情的孩子们感动了，被“教师”这个职业感动了，是的，第一次课，我被彻底感动了。也是从这一刻起，我决定把教育职业作为终生奋斗的事业，为我所热爱，做我所热爱，成我所热爱。

二、深耕三尺讲台，坚持沉淀自我

（一）反思自我，沉淀自我

我认为，对于青年教师来说，更需要的不是“提升”而是“沉淀”。尤其是后来参加青教赛，这种感受更深刻。自己在前几年的职业生涯很像“煎饼人”。什么意思？煎饼有什么特点？宽，但是薄。对知识，好像了解了很多，但都浅尝辄止，浮于表面。这个社会，不需要“煎饼人”，需要更专、更精的人。我们作为老师，要做“煎饼人”吗？绝对不行，我们会的是别人都会的，我们凭什么成为老师？学生自己通过学习就可以成为“煎饼人”。他们需要的不是“煎饼人”老师，他们需要的是联系实际的启发、深入浅出的讲解，能在他们脑海里画出逻辑图的人，能让逻辑图不断发散思维的人，能引导他们深入学习的人。我们就是一滴水，是那滴可以映射太阳光辉的水。而我们要想成为这样的师者，首先要做的，就是沉淀自我。所以我喜欢时常去反思以下几个问题：我对所讲的这门课程掌握得非常好了吗？所有的知识都会了？相关联的跨学科知识都会了吗？对每一次课的主题都能深入下去吗？对每次课都有很好的反思吗？每次课的最新进展我都查阅和了解了吗？最新的国家政策导向是什么？最新的观点、最新的技术到底是什么？另外，现在最流行的教育理论是什么？学习理论是什么？学习模型是什么？

反思以后，我主要通过三种方式去沉淀自我。

一是阅读。去阅读能借阅到的专业书籍，去阅读真正的大家著写的书籍，去阅读名校出版的书籍，去阅读经典译著。阅读是一个汲取知识、和名家对话、不停思考以及坚定信念的过程，正如《中庸》中的劝学名句所说的:“博学之,审问之,慎思之,明辨之,笃行之。”

二是听课。可以去学习网络精品公开课,不同的大学、不同的老师,你会发现都有创新性的见解、独特的讲课思路、有趣的案例分析,所有这些都值得学习。我经常在看了这些老师的课程以后恍然大悟,原来这个地方是这样!甚至有时候会发现,原来之前自己对某个知识点的理解很片面。还应当去听自己所在学校老师的课,每个人身上都有闪光点,我们要有发现闪光点、分析闪光点和复制闪光点的本领,这也是一个快速提升教学能力的方法。

三是社交。如果希望自己“与时俱进”,就应当拓展自己的专业平台和专业社交。上学时期的导师是我们最好的榜样,是我们最便捷的资源。有问题时,可以直接咨询他。需要什么平台去学习和展示交流时,他会给你推荐。还可以通过专业学会、学校资源等拓展社交,结交专家和朋友,他们都是我们人生中宝贵的财富。

我有时候在想:如果我对每次课都能写出一篇高水准论文来,那可能我对这次课的内容就会有一个合格的把握。

(二)分析课程,完善设计

沉淀自我,然后才能精准施教。无论是日常教学还是备赛青教赛,都用自己的热爱和责任心对待任教的课程“护理伦理与法律法规”。作为护理专业的人文课程,其课程本身包括伦理道德和法律法规两大德育模块,知识体系能够精准对应《高等学校课程思政建设指导纲要》中“职业道德教育、法治教育”两大课程思政建设重点,是护理专业知识和思政教育最直接的桥梁。但是,在以往实际教学中。我们发现在教学后学生仍会疑问“预防接种真的好吗”(学习认同层面);学生知道伦理规范是什么,但不能真正理解其内涵(学习效果层面);学生认为安乐死等伦理困境仅通过伦理和法律知识的学习不能得到满意答案(学习满意度层面);等等。育人效果欠佳。这些问题的出现正是因为学生在学习中缺乏整体观和正确价值观引导,价值塑造亟需与知识传授和能力培养相统一。为解决上述教学问题,特将价值观引导、思政原理、相关学科课程、专业技术、实践经验等内容有机整合融入本课程，科学构建本课程的教学方案。

几年来的沉淀，促成了后面比赛的成功，促成了一系列成果的形成。

三、拓展三尺讲台，热爱成就价值

参加青教赛，使我不停地思考：如何上好一门课？如何上好一堂课？比赛确实能够让青年教师的教学能力有高质量提升。最深刻的感受就是“理念为先，内容为王，问题为要，思政引领”，要让思想“播种灌溉”、知识“扎根扎实”、逻辑“开枝散叶”、德育“沁人心脾”。

(一)理念为先，思想“播种灌溉”

一粒种子，“基因”决定了它不论被风带到多么贫瘠的地方，总会破皮发芽，追求生命 ，追求阳光，没有什么能阻止那顽强的生命力。而教育教学理念，就是培养人才和课程教学的“种子”“基因”，决定了教育的方向，如果教师能给予良好的播种灌溉，那么更会事半功倍。如果培养人的过程中，没有理念，我们教育出来的人是不合格的，我们的课是散的。

备赛期间最大的收获就是理念至上。最开始准备的时候，先用很长一段时间去反思我这门课程的教育教学理念。

学习教育和职业教育相关文件，明确“培养什么人，是教育的首要目标”。要培养“培养德智体美劳全面发展的社会主义建设者和接班人”。对于职业教育，要“着力培养高素质劳动者和技术技能人才”，“建设知识型、技能型、创新型劳动者大军”。对于护理职业教育，要培养“理想信念鉴定，德智体美劳全面发展，具有一定的科学文化水平，良好的人文素养、职业道德和创新意识，精益求精的工匠精神，较强的就业能力和可持续发展的能力，掌握本专业知识和技术技能，面向医院及其他医疗卫生机构的护理岗位，能够从事临床护理、社区护理、健康保健等工作的高素质技术技能人才”。

因此，“护理伦理与法律法规”课程确定了“以德护理、依法护理、以技护理并行”的育人总理念，确定了“洞察生命之伦，知悉为人之理，遵守健康之法，践行护患之律”的德育总目标，这也是我设计整门课程的逻辑主线。具体到每次课，都要围绕更好实现之前所论述的教育、职业教育、护理职业教育的目标，结合临床工作去理解护理伦理和法律法规的指导意义，结合案例情境去反思护理伦理和法律法规的实践作用，结合最新法律去理解法律完善的背后所蕴含的公平正义、维护权利的基本道理，在分析问题和解决问题的过程中明确学习的意义，培养学生成为“以德行医、依法行医、以技行医并行”的优秀医务工作者。正因为比赛的20个教学设计和教学展示都紧密围绕以上教学思想展开，课程和课堂才更完整、更科学、更立体、更深刻、更实用、更高效。我想，这也是国家和省里定期开展青教赛的初心。

（二）内容为王，知识“扎根扎实”

参加青教赛，深入探究评分标准很重要，它给我们指明了教学的方向。其中关于“教学内容”有多方面要求，占分比例也很高，这说明一定要在内容上下功夫。参加青教赛之前，我会找学生感兴趣的点去讲，讲个笑话，讲个社会热点，讲课有点“松散”。参加青教赛之后，我不停地问自己，学生听了他感兴趣的内容之后，能获得什么？答案是一笑了之，什么也没获得。法律更新速度很快，教育政策理念更新速度很快，这一切的一切，最重要的不是梳理更新，而是要明白更新背后的基本道理。国家为什么要有这些更新，要看到现在，更要看到未来。每一名老师都应当培养学生的远见，以及可持续学习能力、与时俱进的学习能力、思辨的习惯。因此，教学设计，非常不简单，要追求精、新、实、妙。而实现这些的前提就是我们老师的学识要扎实、深厚、广博，如同大树的根部，扎根要扎实。因此，比赛后我摒弃了一切花里胡哨的东西，回归教学的根本，在教学内容上下了大功夫。正如前面介绍，通过多方式、多途径的学习，让自己沉淀下来，对自己任教课程有了非常扎实的把握。

（三）问题为要，逻辑“开枝散叶”

每次课我都喜欢用启发式教学的思维来贯彻全程，聚焦学生不会的东西。先预估学习者的学习困境，再结合学习目标和内容预设优质问题。优质问题的最佳境界是：从浅入深、环环相扣、层层递进、拨云见日。也就是从一个小小的方面，逐渐扩散、扩散、扩散，讲述出丰富的知识，最后收回来，并且再抛出去启发创新。让知识在学习者的头脑里长成参天大树，学习者整个听下来的感觉就是“太精彩了”！这才是一堂好课！教师的责任是点燃学生思维的火焰，善于利用问题“惹事”，帮助学生拓展思维，让学生最大限度地产出成果而不是复原结论。

（四）思政引领，德育“沁人心脾”

德育和思政在课程中的目标、设计和效果，应当如参天大树的花朵，不求被人一眼看到，而是能闻其芬芳，达到沁人心脾的效果。在每次课的设计中，都非常巧妙地融入了课程思政和德育。无论是什么课程，都要从直面知识的困惑入手，去培养学生的思辨能力和创新能力，然后通过教学设计去建立一种价值观，让价值观层层传递。价值观有什么作用？我们要想一想，上完这堂课，究竟要让学生带走什么。他们带走的恐怕不仅仅是我们让他们熟记的知识，不仅仅是他们自己动手的能力，更是要让他们知道，面对问题时去寻找资源，去汲取能量，从而构建自己牢固不可破的价值体系。

我想，基于以上所述的理念“播种灌溉”、知识“扎根扎实”、逻辑“开枝散叶”、德育“沁人心脾”，学生必能成长为健康朝气的参天大树。

最终，我参加山东省第七届高校青年教师教学比赛获一等奖，参加第二届全国护理院校中青年教师授课比赛也获得一等奖。沉淀和参赛促使我进一步凝练课程成果，完善课程建设。例如，我在《中华护理教育》《护理学杂志》等核心期刊发表了关于课程建设的高质量论文；“护理伦理与法律法规”课程被评为山东省课程思政示范课程、潍坊市课程思政精品课，不仅上线了四期学银在线学习平台，而且也被"学习强国"学习平台的全国平台所采纳和展示，让更多人学习受益，深受好评。三尺讲台被拓展，心中热爱成就了更能造福别人的价值。

综上所述，要热爱，要沉淀。踏踏实实地做学问，踏踏实实地教书育人，踏踏实实地做人做事。所有这些沉淀的过程，最终会形成我们的内在。积累、总结、反思，然后将自己的素质、知识、能力精准地播种给学生、影响到学生。我想，这样才能真正培养出高素质技术技能人才，真正为我所热爱，做我所热爱，成我所热爱。曾经看到过这样一段话，和青年教师们共勉："有些人会渐露平庸，有些人会小有所成，还有些人会出类拔萃，但你偶尔才会遇到一个光彩夺目的人。"我所理解的光彩夺目，不是说这个人有多么优秀、多么成功，而是他一直在平淡处世中闪着智慧的光！希望我们每一位老师，都能成为学生生命中那个光彩夺目的人。

作者简介

郑硕，女，1987 年出生，硕士，潍坊护理职业学院副教授。主要从事护理教育与研究。负责山东省职业院校教育教学改革研究项目 2 项，主持一门山东省课程思政示范课程。主编、合编著作 6 部，在《中华护理教育》等期刊发表论文十余篇。获山东省第七届高校青年教师教学比赛一等奖、第二届全国护理院校中青年教师授课比赛一等奖，被评为山东省教育系统女职工建功立业标兵、潍坊市青年岗位能手，兼任山东省护理学会理事等职务。